Thomas Miethe · Patrick Kiehne
Prüfungstraining Verkehrsrecht
für das Hauptstudium

Polizei
Studium
Praxis

SCHRIFTENREIHE

Prüfungstraining Verkehrsrecht für das Hauptstudium

von Thomas Miethe und
Patrick Kiehne

VDP | VERLAG DEUTSCHE POLIZEILITERATUR GMBH
Buchvertrieb

Bibliografische Information der Deutschen Nationalbibliothek
Die Deutsche Nationalbibliothek verzeichnet
diese Publikation in der Deutschen Nationalbibliografie;
detaillierte bibliografische Daten sind im Internet über
http://dnb.de abrufbar.

www.vdpolizei.de

1. Auflage 2022

Satz: VDP GMBH Buchvertrieb, Hilden
Druck und Bindung: Plump Druck & Medien GmbH, Rheinbreitbach
Printed in Germany
ISBN 978-3-8011-0917-2

Vorwort

Liebe Leserinnen, liebe Leser,

wir freuen uns, dass Sie sich für dieses Buch entschieden haben und möchten Ihnen an dieser Stelle dessen Grundkonzeption vorstellen. Ziel dieses Buches ist, Ihnen auf unkomplizierte Art und Weise das Bestehen verkehrsrechtlicher Prüfungen mit den Inhalten Zulassungs- und Fahrerlaubnisrecht auf der einen Seite sowie den klassischen Verkehrsstraftaten auf der anderen Seite zu ermöglichen. In diesem Sinne soll die folgende Ausarbeitung diese Themenkomplexe nicht vollständig und bis ins letzte Detail erörtern. Vielmehr liegt der Schwerpunkt in der Darstellung der klassischen klausurrelevanten Problemstellungen.

Dabei müssen Sie beachten, dass von Ihnen im Rahmen der Klausurbearbeitung erwartet wird, dass Sie zulassungs-, fahrerlaubnis- und verkehrsstrafrechtliche Inhalte nach einem anerkannten und teils vorgegebenen Schema erarbeiten. Andererseits ist zu erwarten, dass zukünftige Klausuren neben der schematischen Fallbearbeitung auch die Erörterung von Detailfragen bzw. eine bloße Wissensabfrage beinhalten. Diese Wissensabfrage dürfte sich schwerpunktmäßig mit dem Erkennen von Ordnungswidrigkeiten und Straftaten samt Erstellung der entsprechenden Paragraphenketten beschäftigen.

Daher werden Ihnen im Verlauf des Buches Formulierungshilfen für die schematische Fallbearbeitung – einschließlich vollständiger Klausurlösungen – vorgestellt. Andererseits erfolgt eine problemorientierte Erörterung der entsprechenden Inhalte mitsamt den zugehörigen Paragraphenketten.

Gleichsam sollten Sie beachten, dass nicht jeder Klausursachverhalt zwingend verkehrsrechtliche Verstöße beinhalten muss. Auch wenn Sie in einzelnen (Teil-)Aufgaben keine Verstöße erkennen, kann Ihre Lösung dennoch korrekt sein.

Während sich das unter I. dargestellte Zulassungsrecht mit der Frage beschäftigt, unter welchen Voraussetzungen Fahrzeuge im öffentlichen Raum verwendet werden dürfen, befasst sich das unter II. erörterte Fahrerlaubnisrecht vorwiegend mit den Bedingungen, die in Hinblick auf die verantwortliche Person, also den Fahrzeugführer, zu beachten sind. Damit haben Zulassungs- und Fahrerlaubnisrecht zwar zwei unterschiedliche Perspektiven, aber trotzdem das gleiche Ziel: die Verkehrssicherheit. Die unter III. dargestellten Verkehrsdelikte unterteilen sich in Straftat- und Ordnungswidrigkeitentatbestände, wobei die Verkehrsstraftaten hier eine übergeordnete Rolle spielen.

Inhaltlich orientiert sich dieses Buch am Curriculum des Hauptstudiums 1 und 2 an der Hochschule für Polizei und öffentliche Verwaltung NRW.

Hörstel und Meppen, Juni 2022

Inhaltsverzeichnis

I. Zulassungsrecht

1 Prüfungsschema

Die Bearbeitung einer zulassungsrechtlichen Klausur erfolgt regelmäßig nach dem folgenden Prüfschema. Beachten Sie indes, dass dieses Schema lediglich als Aufbau- und Gliederungshilfe zu verstehen ist.

Die weitere Darstellung des Zulassungsrechts in diesem Lehrbuch wird sich an diesem Prüfschema orientieren. Insofern ist es bei der weiteren Lektüre wichtig, dass Sie nie die Übersicht verlieren. Nehmen Sie im Zweifel diese Gliederung als Orientierungshilfe zur Hand.

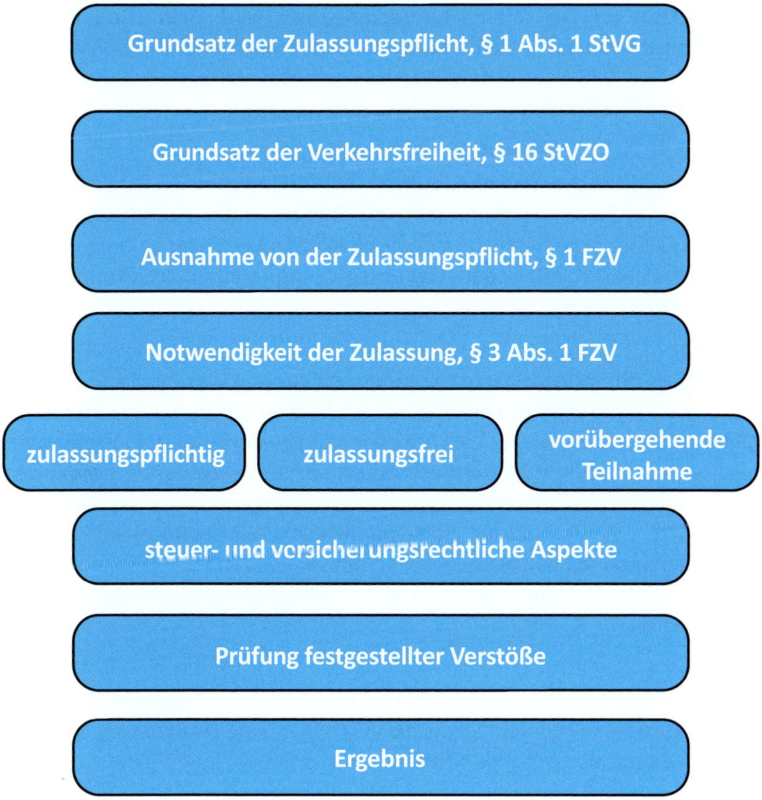

2 Grundsatz der Zulassungspflicht

Der Grundsatz der Zulassungspflicht ergibt sich aus § 1 Abs. 1 StVG. Demzufolge müssen alle Kraftfahrzeuge und alle Kraftfahrzeuganhänger von der Zulassungsbehörde zugelassen werden, wenn diese im öffentlichen Verkehrsraum in Betrieb gesetzt werden sollen. Eine Klausurprüfung im Gutachtenstil macht es erforderlich, zunächst die Begriffe **öffentlicher Verkehrsraum, Kraftfahrzeug, Kraftfahrzeuganhänger** und das **Inbetriebsetzen** sachverhaltsbezogen zu prüfen.

Bei der Prüfung des öffentlichen Verkehrsraums ist jedoch zu beachten, dass die Anwendung des Fahrerlaubnisrechtes nicht nur auf öffentlichen Straßen im Sinne des Wegerechts, sondern auch auf „tatsächlich-öffentlichen" Straßen, auf denen der Eigentümer einen öffentlichen Verkehr eröffnet hat oder duldet, gilt. Der öffentliche Verkehrsraum wird somit in die Begriffe **öffentlich-rechtlicher Verkehrsraum** und **tatsächlich-öffentlicher Verkehrsraum** unterteilt. Klausurtechnisch wird es genügen, den sachverhaltsbezogen zutreffenden Verkehrsraum zu prüfen.

Definition

Öffentlich-rechtlicher Verkehrsraum sind alle öffentlichen Straßen, Wege und Plätze, die im Sinne des Wegerechts des Bundes und der Länder gewidmet wurden. Diese wegerechtliche Widmung kann in der Regel an aufgestellten Verkehrszeichen, Lichtzeichenanlagen sowie an Straßenbezeichnungen erkannt werden.

Definition

Tatsächlich-öffentlicher Verkehrsraum sind hingegen Verkehrsflächen, wenn diese ohne Rücksicht auf eine Widmung und ungeachtet der Eigentumsverhältnisse entweder ausdrücklich oder mit stillschweigender Duldung des Verfügungsberechtigten für jedermann oder aber zumindest für eine allgemein bestimmte größere Personengruppe zur Benutzung zugelassen sind und auch tatsächlich so genutzt werden. Dabei handelt es sich in der Regel um Privatflächen. Hierzu zählen beispielsweise Parkhäuser während der Öffnungszeiten, Parkplätze von Supermärkten o. Ä. sowie Tankstellengelände während der Servicezeiten.

Definition

Der Begriff des **Kraftfahrzeugs** wird in § 1 Abs. 2 StVG legal definiert. Demnach handelt es sich um Landfahrzeuge, die durch Maschinenkraft bewegt werden, ohne an Bahngleise gebunden zu sein.

Ausnahmen von dem Begriff des Kraftfahrzeugs regelt das Straßenverkehrsgesetz selbst. So werden in § 1 Abs. 3 StVG bestimmte Varianten des E-Bikes, die sogenannten Pedelecs, von den Regelungen über Kraftfahrzeuge ausgenommen, wenn sie bestimmte Merkmale erfüllen. Keine Kraftfahrzeuge im Sinne des StVG und somit auch nicht mit einer Fahrerlaubnispflicht versehen sind demnach Landfahrzeuge, die durch Muskelkraft fortbewegt werden und mit einem elektromotorischen Hilfsantrieb mit einer Nenndauerleistung von höchstens 0,25 kW ausgestattet sind, dessen Unterstützung sich mit zunehmender Fahrzeuggeschwindigkeit progressiv verringert und maximal beim Erreichen einer Geschwindigkeit von 25 km/h oder wenn der Fahrer im Treten einhält, unterbrochen wird.

Auch wenn diese Pedelecs zusätzlich über eine elektromotorische Anfahr- oder Schiebehilfe verfügen sollten, die eine Beschleunigung des Fahrzeugs auf eine Geschwindigkeit von bis zu 6 km/h auch ohne gleichzeitiges Treten des Fahrers ermöglicht, besteht diese Ausnahme.

Indes gilt die Zulassungspflicht aus § 1 Abs. 2 StVG nicht nur für Kraftfahrzeuge, sondern auch für deren Anhänger.

Definition

Kraftfahrzeuganhänger sind gemäß § 2 Nr. 2 FZV solche Fahrzeuge, die zum Anhängen an ein Kraftfahrzeug bestimmt und geeignet sind. Miterfasst sind ebenfalls Sattelanhänger im Sinne des § 2 Nr. 19 FZV.

Klausurhinweis

Es ist im Rahmen der Klausurbearbeitung darauf zu achten, dass Kraftfahrzeuganhänger selbstständig dem Zulassungsverfahren unterliegen und somit eigenständig geprüft werden müssen. In Abgrenzung dazu unterliegen beispielsweise Fahrradanhänger, die ja gerade keine Kraftfahrzeuganhänger sind, dem Zulassungsverfahren nicht.

Die Zulassungspflicht entsteht allerdings erst dann, wenn das betreffende Kraftfahrzeug oder der betreffende Kraftfahrzeuganhänger in Betrieb gesetzt werden sollen.

Definition

Das ist dann der Fall, wenn die jeweiligen Fahrzeuge bestimmungsgemäß als Kfz oder Kfz-Anhänger verwendet werden sollen.

Dabei ist das Inbetriebsetzen begrifflich deutlich weiter gefasst als beispielsweise das Führen eines Kraftfahrzeugs. Ein Inbetriebsetzen liegt immer dann vor, wenn sich die jeweiligen Fahrzeuge im öffentlichen Verkehrsraum bewegen oder in verkehrsbeeinflussender Weise im öffentlichen Verkehrsraum abgestellt sind.

Klausurhinweis

In aller Regel werden in den zu prüfenden Klausursachverhalten Konstellationen beschrieben, in denen die zu prüfenden Fahrzeuge im öffentlichen Verkehrsraum geführt werden. In diesen Fällen kann unproblematisch vom Führen eines Fahrzeugs auf dessen Inbetriebsetzung geschlossen werden. Umgekehrt wird zwar ein ordnungswidrig abgestelltes Kraftfahrzeug in Betrieb gesetzt, aber nicht geführt.

Klausurhinweis

Lesen Sie aufmerksam die Bearbeitungshinweise zu den Klausuren. In aller Regel finden Sie dort die Formulierung „... vom Vorliegen der Voraussetzungen aus § 1 Abs. 1 StVG ausgegangen werden darf“. In diesen Fällen kann dieser Prüfpunkt mit der folgenden Formulierung abgearbeitet werden:

Formulierungsvorschlag

Gemäß § 1 Abs. 1 StVG müssen Kraftfahrzeuge und ihre Anhänger, die im öffentlichen Verkehrsraum (öVR) in Betrieb gesetzt werden sollen, von der zuständigen Behörde zum Verkehr zugelassen werden. Nach den vorliegenden Bearbeitungshinweisen kann indes vom Vorliegen dieser Voraussetzungen ausgegangen werden.

3 Ausnahmen von der Zulassungspflicht

§ 16 Abs. 1 StVZO beschreibt den sogenannten Grundsatz der Verkehrsfreiheit für Fahrzeuge, für die kein besonderes Erlaubnisverfahren vorgeschrieben ist. Dieses besondere Erlaubnisverfahren ergibt sich aus der Fahrzeugzulassungsverordnung FZV. Weil deren Anwendungsbereich gemäß § 1 FZV bei Kraftfahrzeugen mit einer bauartbedingten Höchstgeschwindigkeit von mehr als 6 km/h sowie bei allen Kraftfahrzeuganhängern eröffnet ist, verbleibt im Ergebnis ein nur marginaler Anwendungsrahmen des § 16 Abs. 1 StVZO. Als zum Verkehr zugelassen gelten demnach nur Kraftfahrzeuge mit einer bauartbedingten Höchstgeschwindigkeit von nicht mehr als 6 km/h, Fahrzeuge ohne Kfz-Eigenschaften (beispielsweise Fahrräder) sowie Anhänger, die keine Kfz-Anhänger sind (beispielsweise Fahrradanhänger). Diese vom Zulassungsverfahren ausgenommenen Fahrzeuge müssen indes vorschriftsmäßig sein und damit den Vorschriften der §§ 30 bis 67a StVZO entsprechen.

Quelle: pixabay.com

Wenn Sie die Bedeutung des § 16 Abs. 1 FZV verinnerlicht haben, kann dieser Prüfaspekt in der zulassungsrechtlichen Klausur ebenfalls mit dem folgenden Formulierungsvorschlag abgearbeitet werden:

Formulierungsvorschlag

Zum Verkehr auf öffentlichen Straßen sind gemäß § 16 I StVZO alle Fahrzeuge zugelassen, die den Vorschriften der StVZO und der StVO entsprechen, sofern nicht für die Zulassung einzelner Fahrzeugarten ein Erlaubnisverfahren vorgeschrieben ist. Dieses könnte sich vorliegend aus der FZV, insbesondere aus den §§ 1, 3, 4 FZV, ergeben.

Gemäß § 1 FZV unterliegen alle Kraftfahrzeuge mit einer bauartbedingten Höchstgeschwindigkeit von mehr als 6 km/h sowie alle Kraftfahrzeuganhänger dem Zulassungsverfahren der Fahrzeugzulassungsverordnung.

Definition

Die bauartbedingte Höchstgeschwindigkeit (bbH) wird in § 30a Abs. 1 StVZO legal definiert. Es handelt sich um diejenige Geschwindigkeit, die von einem Kraftfahrzeug nach seiner vom Hersteller konstruktiv vorgegebenen Bauart oder infolge der Wirksamkeit zusätzlicher technischer Maßnahmen auf ebener Bahn bei bestimmungsgemäßer Benutzung nicht überschritten werden kann.

Klausurhinweis

Zu beachten ist, dass die „6-km/h-Ausnahme" lediglich für Kraftfahrzeuge einschlägig ist. Kraftfahrzeuganhänger (aber auch nur Kraftfahrzeuganhänger), die schon begrifflich keine bauartbedingte Höchstgeschwindigkeit aufweisen können (sie sind ja nicht motorgetrieben), unterliegen immer dem

Zulassungsverfahren der FZV, und zwar selbst dann, wenn diese im Einzelfall von einem Kraftfahrzeug gezogen werden, das eine bbH von nicht mehr als 6 km/h aufweist. (In diesem Fall wäre das ziehende Fahrzeug gemäß § 16 Abs. 1 StVZO zum Verkehr ohne weitere Voraussetzungen zugelassen, wohingegen der Anhänger dem Zulassungsverfahren der FZV unterliegen würde.)

Angabe der bbH in der Zulassungsbescheinigung I

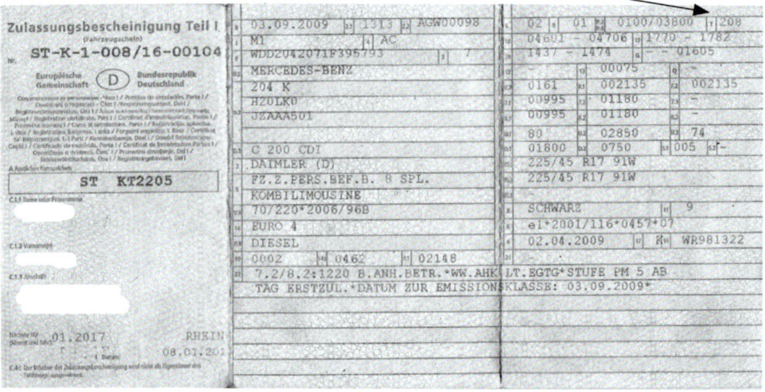
Zulassungsbescheinigung Teil I
(Fahrzeugschein)
Nr. ST-K-1-008/16-00104
Europäische Gemeinschaft (D) Bundesrepublik Deutschland
ST KT2205
03.09.2009 1313 AGW00098
M1 AC
WDD2042071F395793
MERCEDES-BENZ
204 K
H2OLK0
JZAAA501
C 200 CDI
DAIMLER (D)
FZ.Z.PERS.BEF.B. 8 SPL.
KOMBILIMOUSINE
70/220*2006/96B
EURO 4
DIESEL
0002 0462 02148
7.2/8.2:1220 B.ANH.BETR.*WW.AHK LT.EGTG*STUFE PM 5 AB
TAG ERSTZUL.*DATUM ZUR EMISSIONSKLASSE: 03.09.2009*
02 01 0100/03800 208
04601 - 04706 1770 - 1782
1437 - 1474 - - 01605
00075
0161 002135 002135
00995 01180 -
00995 01180 -
80 02850 74
01800 0750 005 -
225/45 R17 91W
225/45 R17 91W
SCHWARZ 9
e1*2001/116*0457*07
02.04.2009 WR981322
01.2017 RHEIN
08.01.201

Quelle: privat

In der Klausur könnte die folgende Formulierungshilfe verwendet werden:

Formulierungsvorschlag

Gemäß § 1 FZV ist diese Verordnung auf Kfz mit einer bbH ≤ 6 km/h und ihre Anhänger nicht anzuwenden. Laut ZB I/Betriebserlaubnis weist das Fahrzeug eine bbH von xx km/h [hier den jeweiligen Wert aus den vorliegenden Dokumenten einfügen] *aus. Es liegt daher keine Ausnahme nach § 1 Abs. 1 FZV vor.*

4 Zulassung von Kraftfahrzeugen

§ 3 Abs. 1 FZV ist eine sogenannte Ausführungsvorschrift zu § 1 StVG und besagt, dass alle Fahrzeuge, die in den Anwendungsbereich der FZV fallen (siehe § 1 FZV), grundsätzlich einer Zulassung bedürfen, sofern nicht eine Ausnahme von der Zulassungspflicht nach § 3 Abs. 2 FZV gegeben ist. Losgelöst vom Wortlaut der Norm kommt allerdings auch eine dritte Alternative in Form der nur zeitweiligen Verkehrsteilnahme (im Sinne der §§ 16 bis 19, 28 FZV) in Betracht. Das folgende Schaubild soll diese Alternativen verdeutlichen:

Schaubild

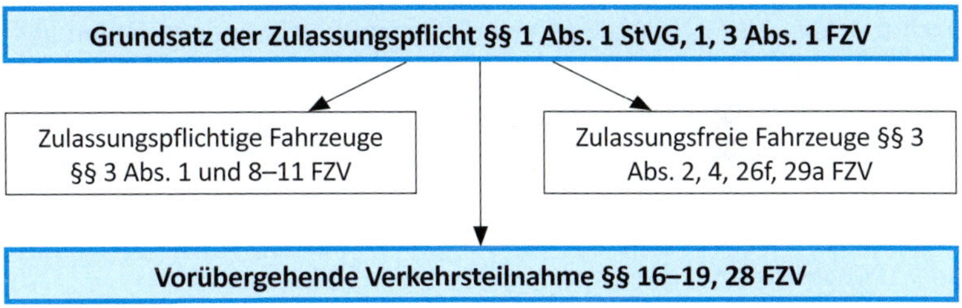

Im Folgenden sollen unter Gliederungspunkt 4.1 zunächst die zulassungspflichtigen Fahrzeuge erläutert werden, bevor unter Gliederungspunkt 4.2 die Darstellung zulassungsfreier Fahrzeuge erfolgt. Erst daran schließen sich unter Gliederungspunkt 4.3 die Ausführungen zur vorübergehenden Verkehrsteilnahme an.

Klausurhinweis

Im Rahmen der Klausurbearbeitung stellt die Erörterung der §§ 1 StVG, 16 StVZO und 1 FZV die weitgehend identische Basis Ihrer zulassungsrechtlichen Arbeit dar, die Sie mit den vorgeschlagenen Formulierungshilfen schnell abarbeiten können. Jedoch sollten Sie sehr sorgsam überlegen, welchen der drei im Schaubild bezeichneten „Pfade" Sie einschlagen müssen, da an dieser Stelle gewissermaßen die Weichen für Ihr weiteres Vorgehen gestellt werden.

4.1 Zulassungspflichtige Fahrzeuge

Das Zulassungsverfahren nach § 3 Abs. 1 FZV stellt, zumindest bezogen auf Pkw, gewissermaßen den „Normalfall" im nationalen Straßenverkehr dar. Gemäß § 3 Abs. 1 S. 3 FZV erfolgt die Zulassung formgebunden durch Zuteilung von Kennzeichen(-Schildern), Abstempelung („Siegelung") der Kennzeichen(-Schilder) und Ausfertigung der Zulassungsbescheinigung Teil I und II (§§ 11f. FZV). Eine nach § 3 Abs. 1 FZV erfolgte Zulassung ist somit nach außen hin an diesen kumulativ vorliegenden Merkmalen zu erkennen, welche im Rahmen der weiteren Klausurbearbeitung weitergehend zu erörtern sind (vgl. Gliederungspunkte 4.1.1 bis 4.1.3).

Klausurhinweis

Begehen Sie nicht den Fehler, nur aufgrund eines „normalen" amtlichen Kennzeichens auf eine Zulassungspflichtigkeit des zu prüfenden Fahrzeugs nach § 3 Abs. 1 FZV zu schließen, da diese Kennzeichen teilweise auch bei nach § 3 Abs. 2 FZV zulassungsfreien Fahrzeugen Verwendung finden (vgl. §§ 4 Abs. 2 und 10 Abs. 8 FZV).

Sofern Sie nach einer sorgsamen Prüfung zu dem Entschluss gelangt sind, dass das Fahrzeug gemäß § 3 Abs. 1 FZV zulassungspflichtig ist, können Sie die folgende Formulierung im Rahmen Ihrer Klausurbearbeitung nutzen, mit der Sie zugleich in die nachfolgenden Prüfpunkte einleiten:

Formulierungsvorschlag

Da das zu prüfende Fahrzeug unter keine der in § 3 Abs. 2 FZV genannten Ausnahmen zu subsumieren ist, unterliegt es der Zulassungspflicht gemäß § 3 Abs. 1 FZV. Die Zulassung erfolgt durch Zuteilung amtlicher Kennzeichen, Siegelung der Kennzeichen und Ausfertigung der ZB I.

4.1.1 Kennzeichen

An dieser Stelle prüfen Sie nun, ob und wenn ja, welche Kennzeichen am zu prüfenden Fahrzeug angebracht sind und ob die gesetzlichen Vorgaben hierzu eingehalten worden sind. Im Kern geht es darum, mögliche (zulassungsrechtliche) Verstöße zu erkennen, oder aber festzustellen, dass keine Verstöße gegen die einschlägigen Regeln vorliegen.

Als relevante Normen sind hier die §§ 8–10 FZV zu beachten, wobei in den §§ 8–9a FZV die unterschiedlichen Kennzeichen beschrieben werden und in § 10 die für alle Kennzeichen geltenden Ausgestaltungs- und Anbringungsvorschriften zu finden sind. Diese Normen sollten Sie vor der Klausur unbedingt sorgfältig gelesen haben. Da in den zulassungsrechtlichen Klausuren die Kennzeichen in der Regel abgedruckt werden – oder aber aus der abgedruckten Zulassungsbescheinigung I zu erkennen sind – sollten Sie diese anhand des Aussehens zuordnen können.

Klausurhinweis

Die konkreten Fundstellen müssen Sie für die Klausur nicht auswendig lernen, es reicht aus, wenn Ihnen bewusst ist, dass diese Kennzeichen in den §§ 8–9a FZV geregelt sind. Im Rahmen der Klausurbearbeitung können Sie im Verordnungstext jederzeit die genaue Fundstelle nachschauen.

Das „normale“ Kennzeichen

4.1.1.1 Das „normale“ amtliche Kennzeichen

Quelle: Anlage zur Fahrzeugzulassungsverordnung

Dieses Kennzeichen ist in § 8 Abs. 1 FZV geregelt und in Hinblick auf die zulassungsrechtliche Klausur eher unproblematisch, weil es keine Verwendungseinschränkungen oder ähnliche Besonderheiten gibt. Verstöße wären nur denkbar in Hinblick auf die Ausgestaltungs- und Anbringungsvorschriften aus § 10 FZV (dazu mehr im Gliederungspunkt 4.1.1.7).

In Hinblick auf das Kennzeichen würde es, sofern keine Verstöße gegen § 10 FZV vorliegen, ausreichen, wenn der folgende Formulierungsvorschlag verwendet wird:

Formulierungsvorschlag

Am betreffenden Fahrzeug ist das „normale“ amtliche Kennzeichen gemäß § 8 Abs. 1 FZV angebracht. Verstöße gegen die Ausgestaltungs- und Anbringungsvorschriften sind nicht erkennbar.

4.1.1.2 Das Wechselkennzeichen

Das Wechselkennzeichen mit den beiden fahrzeugbezogenen Kennzeichenelementen (auch für Oldtimer) und dem Wechselelement

Quelle: Anlage zur Fahrzeugzulassungsverordnung

Das Wechselkennzeichen findet in § 8 Abs. 1a FZV seinen gesetzlichen Niederschlag. Zwar bestehen für die Nutzung dieser Kennzeichen keine besonderen Verwendungseinschränkungen, sodass dieses Fahrzeug im Rahmen der Klausurbearbeitung ebenfalls als eher unproblematisch zu bewerten ist. Es wäre aber denkbar, dass das Fahrzeug mit unvollständigen Kennzeichen (also lediglich mit den fahrzeugbezogenen Kennzeichenelementen) im öffentlichen Verkehrsraum geführt oder abgestellt wird.

In diesen Fällen kommt eine Ordnungswidrigkeit nach §§ 8 Abs. 1a FZV i. V. m. 48 Nr. 1a („geführt")/48 Nr. 9 („abgestellt") FZV i. V. m. 24 StVG in Betracht.

Hier müssen Sie ebenfalls bedenken, dass in diesem Fall auch der Fahrzeughalter §§ 8 Abs. 1a, i. V. m. 48 Nr. 2 SZV i. V. m. 24 StVG ordnungswidrig handelt.

Zur Herleitung von Halterverstößen lesen Sie bitte die entsprechenden Darstellungen in Kapitel 7.

Das Oldtimerkennzeichen

4.1.1.3 Das Oldtimerkennzeichen

Quelle: Anlage zur Fahrzeugzulassungsverordnung

Klausurhinweis

In Hinblick auf die Klausurbearbeitung ist das in § 9 Abs. 1 FZV geregelte Oldtimerkennzeichen bis auf die Ausgestaltungs- und Anbringungsvorschriften ebenfalls vollkommen unproblematisch. Zwar darf dieses Kennzeichen nur an Fahrzeugen angebracht werden, für die ein entsprechendes Gutachten nach § 23 StVZO vorliegt, wobei diese Voraussetzungen durch die Polizei gerade nicht zu prüfen sind. So kann es im Rahmen einer Klausur bei dem Hinweis bleiben, dass an dem zu prüfenden Fahrzeug ein Oldtimerkennzeichen nach § 9 Abs. 1 FZV angebracht ist.

Das grüne Kennzeichen

4.1.1.4 Das „grüne“ Kennzeichen

Quelle: Anlage zur Fahrzeugzulassungsverordnung

Klausurhinweis

In § 9 Abs. 2 FZV wird das „grüne“ Kennzeichen geregelt. Dieses gleicht vom Aufbau her dem „normalen“ Kennzeichen im Sinne des § 8 Abs. 1 FZV, jedoch ist die Schrift grün statt schwarz. Grüne Kennzeichen dürfen nur an steuerbefreiten Kraftfahrzeugen oder Kraftfahrzeuganhängern (§ 3 Abs. 1 Kraftfahrzeugsteuergesetz – dazu mehr in Kapitel 5) verwendet werden. In der Sache genügt es auch hier zu erwähnen, dass am zu prüfenden Fahrzeug ein grünes Kennzeichen im Sinne des § 9 Abs. 2 FZV angebracht ist.

4.1.1.5 Das Saisonkennzeichen

Das Saisonkennzeichen mit der Angabe des Betriebszeitraums in vollen Monaten (hier April bis Oktober)

Quelle: Anlage zur Fahrzeugzulassungsverordnung

Das in § 9 Abs. 3 FZV geregelte Saisonkennzeichen erfreut sich in den Klausuren außerordentlich großer Beliebtheit, da hier die „typischen“ zulassungsrechtlichen Problemstellungen zu finden sind.

Klausurhinweis

Das Saisonkennzeichen ist dann unproblematisch zu erkennen, wenn es in den Anlagen der Klausur abgedruckt wird. Es ist aber häufig festzustellen, dass nicht das Kennzeichen selbst, sondern nur die Zulassungsbescheinigung Teil 1 abgedruckt wird. Dann müssen Sie darauf achten, ob hinter der Erkennungsnummer des zugehörigen Kennzeichens auch der Betriebszeitraum abgedruckt ist.

Generell ist darauf zu achten, dass Saisonkennzeichen grundsätzlich nur im zulässigen Betriebszeitraum, der immer in volle Monate bemessen wird, im öffentlichen Verkehrsraum in Betrieb gesetzt oder abgestellt werden.

Klausurhinweis

Daher müssen Sie genau prüfen, ob der in der Klausur angegebene Kontrolltag innerhalb oder außerhalb des Betriebszeitraums liegt.

Klausurhinweis

Bedenken Sie aber, dass das Fahrzeug gemäß § 9 Abs. 3 S. 7 FZV dann außerhalb des Betriebszeitraums zu den dort genannten Zwecken genutzt werden darf. Demnach liegt kein Verstoß vor, wenn das Fahrzeug außerhalb des Betriebszeitraums nach der An- oder Abmeldung geführt wird.

Es mag auch passieren, dass anstelle des gut zu erkennenden Saisonkennzeichens lediglich die Zulassungsbescheinigung I in der Klausur abgedruckt wird. In einem solchen Fall erkennen Sie das Saisonkennzeichen an dem Klammervermerk hinter dem amtlichen Kennzeichen. Dieser Klammervermerk gibt den jeweiligen Betriebszeitraum (in diesem Fall von April bis September) an.

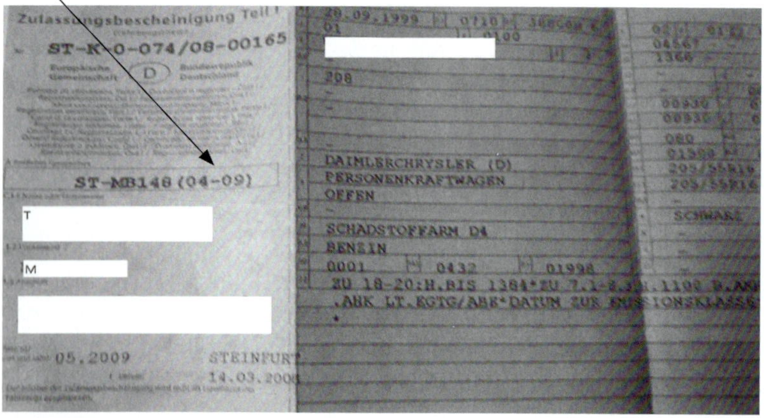

Quelle: privat

Übung

Nennen Sie die jeweilige Paragraphenkette, wenn ein Fahrzeug mit Saisonkennzeichen im öffentlichen Verkehrsraum in Betrieb gesetzt bzw. geparkt wird. Nach welcher Norm handelt der Fahrzeughalter ordnungswidrig, wenn dieser zulässt, dass sein Fahrzeug außerhalb des Betriebszeitraums derartig genutzt wird?

Antwort

Antwort:

Das Inbetriebsetzen eines Fahrzeugs außerhalb des Betriebszeitraums ist gemäß §§ 9 Abs. 3 S. 5 FZV i. V. m. 48 Nr. 1a FZV i. V. m. 24 StVG. Das Abstellen außerhalb des Betriebszeitraums ist dagegen nach § 9 Abs. 3 S. 5 FZV i. V. m. 48 Nr. 9 FZV i. V. m. 24 StVG ordnungswidrig. Die Verantwortlichkeit des Fahrzeughalters richtet sich nach § 9 Abs. 3 S. 6 FZV i. V. m. 48 Nr. 2 (Inbetriebnahme) bzw. Nr. 9a (Abstellen) FZV i. V. m. 24 StVG.

Das E-Kennzeichen

4.1.1.6 Das E-Kennzeichen

Quelle: Anlage zur Fahrzeugzulassungsverordnung

Das E-Kennzeichen nach § 9a FZV wird solchen Fahrzeugen zugeteilt, die den Voraussetzungen des Elektromobilitätsgesetzes entsprechen. Im Rahmen der Klausurbearbeitung können sich Ihre Ausführungen auf die gesetzliche Fundstelle (§ 9a FZV) und die Ausgestaltungs- und Anbringungsvorschriften beschränken.

4.1.1.7 Ausgestaltungs- und Anbringungsvorschriften

Aus § 10 FZV ergeben sich die Ausgestaltungs- und Anbringungsvorschriften für grundsätzlich alle Kennzeichen der FZV und damit auch für diejenigen, die für die nur vorübergehende Verkehrsteilnahme (siehe Gliederungspunkt 4.1.3) ausgegeben werden. Von besonderer Prüfungsrelevanz sind indes die Absätze 2, 4, 5, 8, 9 und 12, wobei die Absätze 8 und 9 im Kontext der zulassungsfreien Fahrzeuge (Gliederungspunkt 4.2) thematisiert werden.

Typische Verstöße

Während gegen § 10 Abs. 2 FZV verstoßen wird, wenn die Sichtbarkeit bzw. die Erkennbarkeit des Kennzeichens beeinträchtigt wird, ist § 10 Abs. 5 FZV in den Fällen einschlägig, in denen die Kennzeichen nicht vorn und hinten (bei Anhängern nur hinten), d. h. an den Stoßfängern, fest am Fahrzeug angebracht werden. In Hinblick auf die Klausuren sind in diesem Kontext neben verdreckten oder verdeckten Kennzeichen insbesondere Konstellationen relevant, in denen die amtlichen Kennzeichen alternativ nur mit Draht (und damit nicht „fest" i. S. d. § 10 Abs. 5 FZV) angebracht sind oder beispielsweise hinter der Windschutzscheibe bzw. auf der Hutablage (und damit nicht „vorn" bzw. „hinten" i. S. d. § 10 Abs. 5 FZV liegen.

Klausurhinweis

Beachten Sie indes, dass sich derjenige, der gegen den Absatz 2 oder 5 verstößt, gemäß §§ 10 Abs. 12 FZV i. V. m. 48 Nr. 1a, b FZV i. V. m. § 24 StVG ordnungswidrig verhält. Verstöße gegen die Absätze 2 und 5 sind nicht im Ahndungsparagraphen (§ 48 FZV) genannt, sondern werden über Absatz 12 als Ordnungswidrigkeit eingestuft.

Abgrenzung zum Kennzeichenmissbrauch nach § 22 StVG

Beachten Sie weiterhin, dass Verstöße gegen § 10 Abs. 2 FZV zwar nach § 24 StVG sowohl vorsätzlich als auch fahrlässig begangen werden können. Gerade bei vorsätzlichen Handlungen ist indes eine Strafbarkeit nach § 22 StVG (Kennzeichenmissbrauch, Gliederungspunkt 11) zu prüfen.

Von besonderer Bedeutung ist ferner § 10 Abs. 4 FZV. Wie noch unter Gliederungspunkt 4.1.2 zu zeigen sein wird, müssen amtliche Kennzeichen grundsätzlich abgestempelt werden, d. h. mit dem Siegel der Zulassungsbehörde versehen sein.

Quelle: Anlage zur Fahrzeugzulassungsverordnung

Fehlendes Siegel der Zulassungsbehörde

Ein fehlendes Siegel kann ein Hinweis auf eine fehlende Zulassung, ein Wiederholungskennzeichen (§ 10 Abs. 8, 9 FZV) oder auf eine nach § 10 Abs. 4 FZV privilegierte Fahrt sein.

Klausurhinweis

In Klausuren werden Fälle des § 10 Abs. 4 FZV häufig anzutreffen sein. Dabei ist zu beachten, dass nur die explizit in § 10 Abs. 4 genannten Fahrten mit den sehr strengen Restriktionen zugelassen sind. Daher müssen Sie sehr genau prüfen, ob der in der Klausur genannte Fahrtzweck (beispielsweise eine Fahrt zur Durchführung der Hauptuntersuchung, „TÜV") erfüllt ist.

Übung

Nennen Sie diejenigen Fahrten, die auch ohne Stempelplakette nach § 10 Abs. 4 FZV durchgeführt werden dürfen. Unter welchen weiteren Voraussetzungen dürfen diese Fahrten nur durchgeführt werden?

Antwort

Antwort:

Gemäß § 10 Abs. 4 FZV dürfen nur solche Fahrten mit ungestempelten Kennzeichen durchgeführt werden, die im unmittelbaren Zusammenhang mit dem Zulassungsverfahren stehen. Das sind Fahrten zur Anbringung des Siegels, Fahrten zur Durchführung der Hauptuntersuchung (TÜV). Miterfasst sind außerdem die entsprechenden Rückfahrten und auch die Rückfahrt von der Zulassungsstelle nach Abmeldung des Fahrzeugs.

Diese Fahrten unterliegen indes einer Einschränkung dahin gehend, dass sie einerseits von der Haftpflichtversicherung umfasst sein müssen (es muss also ein gültiger Versicherungsvertrag für das betreffende Fahrzeug bestehen) und andererseits nur im eigenen bzw. einem unmittelbar angrenzenden Zulassungsbezirk durchgeführt werden.

4.1.2 Abstempelung der Kennzeichen

Zuvor wurde bereits dargestellt, dass als weiteres Element der Zulassung i. S. d. § 3 Abs. 1 FZV neben der Zuteilung der Kennzeichenschilder das Anbringen der Siegel auf die zugeteilten Kennzeichen (die sogenannte Abstempelung) zu zählen ist. Das Siegel wird zwischen dem Unterscheidungskennzeichen des Zulassungsbezirks und der Erkennungsnummer aufgeklebt. Der Aufbau und die Ausgestaltung des Siegels wird in § 10 Abs. 3 S. 2–7 FZV genau beschrieben.

Das Siegel („Stempel") der Zulassungsbehörde

Quelle: Anlage zur Fahrzeugzulassungsverordnung

Fehlendes Siegel der Zulassungsbehörde

In Hinblick auf die Bearbeitung einer zulassungsrechtlichen Klausur kann die Siegelung des Kennzeichens in mehrfacher Hinsicht relevant werden. Unter Gliederungspunkt 4.1.1.7 wurde dargestellt, dass ein fehlendes Siegel zunächst einmal ein Hinweis darauf sein kann, dass das zu prüfende Fahrzeug gerade nicht zugelassen ist. Nur ausnahmsweise kommt eine Privilegierung nach § 10 Abs. 4 FZV (Gliederungspunkt 4.1.1.7) in Betracht. Andernfalls könnte es sich um ein sogenanntes Wiederholungskennzeichen nach § 10 Abs. 8, 9 FZV (Gliederungspunkt 4.2) handeln.

Klausurhinweis

Diese Thematik kann nun in mehrfacher Hinsicht Eingang in die zulassungsrechtliche Klausur finden. Im einfachsten Fall wäre eines der zuvor dargestellten amtlichen Kennzeichen ohne jede Siegelung abgebildet.

Erkennbarkeit der Online-Außerbetriebsetzung

In einer weiteren, etwas schwierigeren Variante könnte zwar ein Kennzeichen mit Siegel sowie die dazugehörige ZB I abgedruckt sein (möglicherweise teils auch lediglich im Klausurtext beschrieben), jedoch wäre das Siegel zerstört und die Markierung oberhalb mit dem Sicherheitscode auf der Zulassungsbescheinigung I freigelegt.

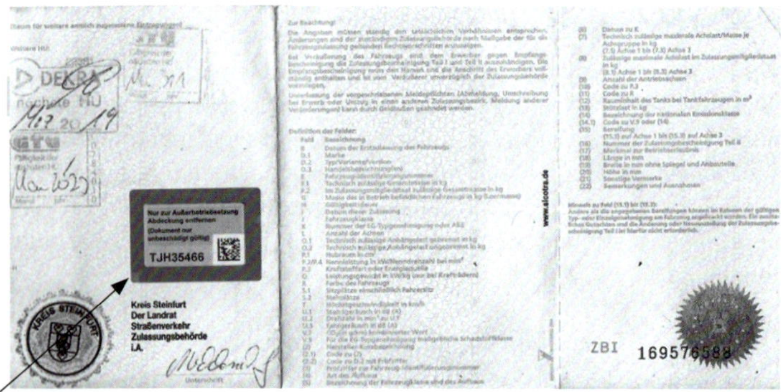

Quelle: privat

Rückseite der Zulassungsbescheinigung I mit Hinweis auf den Anbringungsort der Markierung für den Sicherheitscode

Links die unbeschädigte Markierung auf der Zulassungsbescheinigung I

Rechts der freigelegte Sicherheitscode

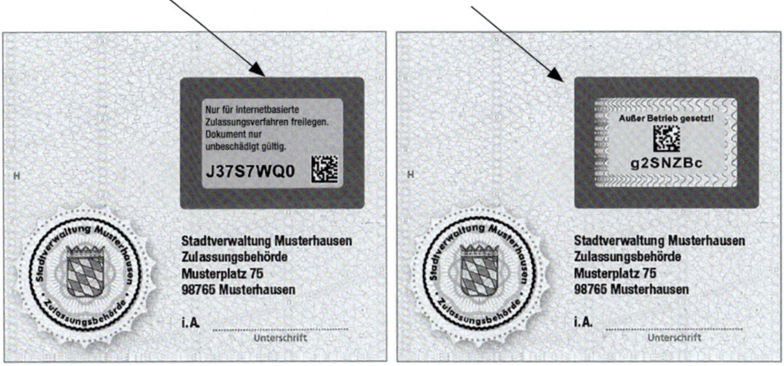

Quelle: online-zulassung.info

Sofern also der Sicherheitscode auf der Zulassungsbescheinigung Teil I freigelegt und parallel das Siegel auf dem amtlichen Kennzeichen zerstört wurde, stellt dies in der Klausur in aller Regel einen deutlichen Hinweis darauf dar, dass das betreffende Fahrzeug gemäß §§ 15a ff. FZV im Rahmen des internetbasierten Zulassungsverfahrens außer Betrieb gesetzt worden und das Fahrzeug somit nicht mehr zugelassen ist.

Paragraphenketten für das Fahren ohne Zulassung

In diesem Fall dürfte in aller Regel eine Ordnungswidrigkeit nach §§ 3 Abs. 1 FZV i. V. m. 48 Nr. 1a FZV i. V. m. 24 StVG (betreffend den Fahrzeugführer) vorliegen.

Im Fall eines vom Fahrzeugführer abweichenden Fahrzeughalters (vgl. dazu Gliederungspunkt 7) liegt zusätzlich eine Ordnungswidrigkeit nach §§ 3 Abs. 4 FZV i. V. m. 48 Nr. 2 FZV i. V. m. 24 StVG (betreffend den Fahrzeughalter) vor.

4.1.3 Zulassungsbescheinigung Teil I

Das letzte Element der Zulassung nach § 3 Abs. 1 FZV besteht in der Ausfertigung einer Zulassungsbescheinigung. In Hinblick auf die Bearbeitung der zulassungsrechtlichen Klausur ist lediglich die im Folgenden abgebildete Zulassungsbescheinigung I von Relevanz.

Zulassungsbescheinigung I Vorderseite

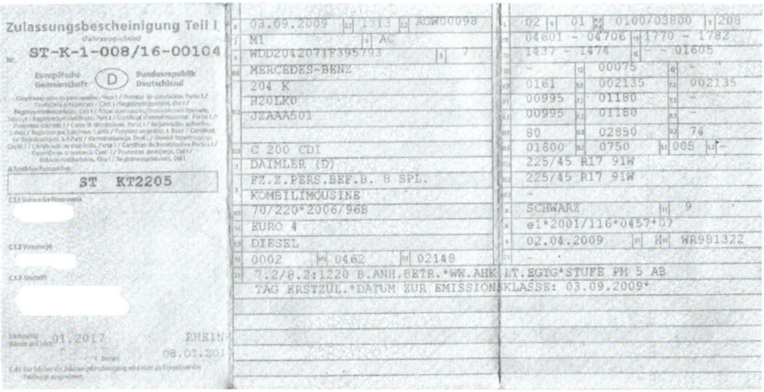

Zulassungsbescheinigung Teil I
(Fahrzeugschein)
Nr. ST-K-1-008/16-00104
Europäische Gemeinschaft (D) Bundesrepublik Deutschland
A Amtliches Kennzeichen
ST KT2205
C.1.1 Name oder Firmenname
C.1.2 Vorname(n)
C.1.3 Anschrift
...01.2017
RHEIN
08.01.201

03.09.2009 | 1313 | AGW00098
M1 | AC
WDD2042071F395793 | 7
MERCEDES-BENZ
204 K
H20LK0
JZAAA501
C 200 CDI
DAIMLER (D)
FZ.Z.PERS.BEF.B. 8 SPL.
KOMBILIMOUSINE
70/220*2006/96B
EURO 4
DIESEL
0002 | 0462 | 02148
7.2/8.2:1220 B.ANH.BETR.*WW.AHK LT.EGTG*STUFE PM 5 AB
TAG ERSTZUL.*DATUM ZUR EMISSIONSKLASSE: 03.09.2009*

02 | 01 | 0100/03800 | 208
04601 - 04706 | 1770 - 1782
1437 - 1474 | - - 01605
- | 00075 | -
0161 | 002135 | 002135
00995 | 01180 | -
00995 | 01180 | -
80 | 02850 | 74
01600 | 0750 | 005 | -
225/45 R17 91W
225/45 R17 91W
-
SCHWARZ | 9
e1*2001/116*0457*07
02.04.2009 | WR981322
-

Quelle: privat

Mitführ- und Aushändigungspflicht der Zulassungsbescheinigung I

Neben der Tatsache, dass sich aus der Zulassungsbescheinigung I wesentliche technische Daten für die zulassungsrechtliche und fahrerlaubnisrechtliche Einstufung ergeben (siehe dazu die bisherigen Ausführungen), ist ferner die Mitführ- und Aushändigungspflicht zu prüfen. Gemäß § 11 Abs. 6 FZV ist die Zulassungsbescheinigung I mitzuführen und zuständigen Personen (hiermit sind die kontrollierenden Polizeibeamten gemeint) auszuhändigen.

Klausurhinweis

Im Rahmen der Klausurbearbeitung ist somit zu prüfen, ob die Zulassungsbescheinigung I durch den Fahrzeugführer mitgeführt und ausgehändigt worden ist. Dabei ist zu beachten, dass die Zulassungsbescheinigung I im Original und keinesfalls als Kopie mitzuführen ist. Im Falle eines Verstoßes ist festzustellen, dass eine Ordnungswidrigkeit nach §§ 11 VI FZV i. V. m. 48 Nr. 5 FZV i. V. m. 24 StVG vorliegt.

Formulierungsvorschlag

Im Rahmen der Klausurbearbeitung könnte die Mitführ- und Aushändigungspflicht folgendermaßen erarbeitet werden:

Gemäß § 11 Abs. 6 FZV ist die ZB I oder das Anhängerverzeichnis mitzuführen und zuständigen Personen auf Verlangen auszuhändigen. Dieser Verpflichtung kommt der X [Fahrzeugführer] *gemäß den Schilderungen im Sachverhalt nach/nicht nach.*

Prüfschema bei zulassungspflichtigen Fahrzeugen

Im Rahmen der Klausurbearbeitung sollten Sie bei zulassungspflichtigen Fahrzeugen damit die folgenden Arbeitsschritte vornehmen, wobei Sie die vorgenannten Formulierungsbeispiele verwendet können:

- Grundsatz der Zulassungspflicht nach § 1 Abs. 1 StVG
- Ausnahmen von der Zulassungspflicht nach § 16 Abs. 1 StVZO
- Ist der Anwendungsbereich der FZV (§ 1 FZV) eröffnet?
- **Handelt es sich um ein nach § 3 Abs. 1 FZV zulassungspflichtiges Fahrzeug?**
- **Welches Kennzeichen ist am Fahrzeug angebracht? Sind hierzu Verstöße feststellbar?**
- **Ist das Siegel ordnungsgemäß angebracht oder wurde das Fahrzeug (online) außer Betrieb gesetzt?**
- **Wird die Mitführ- und Aushändigungspflicht der ZB beachtet?**
- Steuer- und versicherungsrechtliche Aspekte
- Prüfung festgestellter Verstöße
- Ergebnis

Bitte beachten Sie, dass es sich um das allgemeine Prüfschema aus Gliederungspunkt 1 handelt. Lediglich die **fett gedruckten** Prüfpunkte dieses Schemas gelten speziell für zulassungspflichtige Fahrzeuge.

4.2 Zulassungsfreie Fahrzeuge

Im Rahmen der bisherigen Ausführungen wurde neben dem Grundsatz der Zulassungspflicht aus § 1 Abs. 1 StVG und deren Ausnahmen nach § 16 Abs. 1 StVZO bzw. § 1 FZV der Umgang mit nach § 3 Abs. 1 FZV zulassungspflichtigen Fahrzeugen erläutert. In diesem Kapitel sollen indes diejenigen Fahrzeuge Beachtung finden, die zwar dem Anwendungsbereich der FZV unterworfen sind, aber trotzdem keine Zulassung im Sinne des § 3 Abs. 1 FZV benötigen.

Übung

Welche Fahrzeuge fallen in den Anwendungsbereich (§ 1) der FZV? Welche Fahrzeuge gelten gemäß § 16 Abs. 1 StVZO als zum Verkehr zugelassen, ohne dass ein Erlaubnisverfahren vorgeschrieben wäre?

Antwort

Antwort:

In den Anwendungsbereich der FZV fallen alle Kraftfahrzeuganhänger, d. h. solche Fahrzeuge, die zum Anhängen an ein Kfz bestimmt und geeignet sind. Darüber hinaus werden diejenigen Kraftfahrzeuge vom Regelungsbereich der FZV erfasst, deren bbH größer als 6 km/h ist.

Von § 16 Abs. 1 StVZO werden in Abgrenzung dazu nur diejenigen Fahrzeuge erfasst, die gerade nicht in den Regelungsbereich der FZV fallen. Erfasst werden damit Anhänger, die nicht zum Betrieb hinter Kraftfahrzeugen bestimmt sind (beispielsweise Fahrradanhänger oder Kutschen). Außerdem Fahrzeuge ohne Kraftfahrzeugeigenschaften (beispielsweise Fahrräder) und Kraftfahrzeuge mit einer bbH von maximal 6 km/h.

Zulassungsfreie Fahrzeuge im Sinne des § 3 Abs. 2 FZV

Diejenigen Fahrzeuge, die zwar dem Anwendungsbereich der FZV unterfallen – ohne eine „förmliche" Zulassung nach § 3 Abs. 1 FZV zu benötigen –, sind in § 3 Abs. 2 FZV aufgeführt und werden im Allgemeinen als **zulassungsfreie Fahrzeuge** bezeichnet. In Hinblick auf die dortige Aufzählung ist zu beachten, dass in § 3 Abs. 2 S. 1 Nr. 1 FZV die zulassungsfreien **Kraftfahrzeuge** und in § 3 Abs. 2 S. 1 Nr. 2 die zulassungsfreien **Anhänger**, jeweils abschließend, aufgeführt werden.

Klausurhinweis

Beachten Sie, dass die in § 3 Abs. 2 FZV genannten und als „zulassungsfrei" bezeichneten Fahrzeuge keinesfalls mit denjenigen Fahrzeugen verwechselt werden dürfen, die nach § 16 Abs. 1 StVZO ohne jede Formalität als zugelassen gelten. Die in § 3 Abs. 2 FZV genannten Fahrzeuge unterliegen trotz ihrer missverständlichen Bezeichnung den Regelungen der FZV. Die für diese Fahrzeuge einschlägigen Regelungen sollen im Folgenden strukturiert erläutert werden.

Für den Erfolg Ihrer Klausur ist es von besonderer Relevanz, dass Sie in der Lage sind, die nach § 3 Abs. 2 FZV zulassungsfreien Fahrzeuge von den nach § 3 Abs. 1 FZV zulassungspflichtigen Fahrzeugen und der vorübergehenden Verkehrsteilnahme (§§ 16–19, 28 FZV) abzugrenzen. Beachten Sie dabei das Ihnen bekannte Schema:

Schema

Grundsatz der Zulassungspflicht §§ 1 Abs. 1 StVG, 1, 3 Abs. 1 FZV

Zulassungspflichtige Fahrzeuge §§ 3 Abs. 1 und 8–11 FZV

Zulassungsfreie Fahrzeuge §§ 3 Abs. 2, 4, 26f, 29a FZV

Vorübergehende Verkehrsteilnahme §§ 16–19, 28 FZV

Klausurhinweis

In den zulassungsrechtlichen Klausuren werden in aller Regel neben den zur Prüfung erforderlichen Zulassungsdokumenten auch Bilder der zu prüfenden Fahrzeuge abgedruckt. Diese Tatsache erweist sich insbesondere dann als Vorteil, wenn Sie in der Lage sind, schon anhand der abgedruckten Bilder zu erkennen, ob es sich um ein nach § 3 Abs. 2 FZV zulassungsfreies oder um ein nach § 3 Abs. 1 FZV zulassungspflichtiges Fahrzeug handelt. Dabei gilt der Grundsatz, dass alle Fahrzeuge, die in den Anwendungsbereich der FZV fallen (das sind alle Kraftfahrzeuge mit einer bbH von mehr als 6 km/h sowie alle Kraftfahrzeuganhänger), der Zulassungspflicht nach § 3 Abs. 1 FZV unterliegen, wenn sie nicht in § 3 Abs. 2 FZV explizit aufgeführt sind. Um Ihnen eine möglichst präzise Einordnung zu ermöglichen, sollen diese Fahrzeuge im Folgenden aufgeführt werden, wobei zunächst die zulassungsfreien Kraftfahrzeuge (§ 3 Abs. 2 S. 1 Nr. 1 FZV) und anschließend die zulassungsfreien Anhänger (§ 3 Abs. 2 S. 1 Nr. 2 FZV) abgebildet werden.

Klausurhinweis

4.2.1 Liste der zulassungsfreien Fahrzeuge

Beachten Sie, dass die aufgeführten Definitionen keinesfalls auswendig gelernt werden sollen, da sich diese aus dem Katalog des § 2 FZV ergeben. Die Definitionen werden im Folgenden aufgeführt, damit Sie die eingefügten Bilder auf die entsprechenden Legaldefinitionen übertragen können.

Klausurhinweis

Bei der Betrachtung der Bilder sollten Sie sich vergegenwärtigen, dass diese nur der Illustration dienen und ausdrücklich **keine** abschließende Darstellung beinhalten. So fallen unter den Begriff der unter a.) aufgeführten selbstfahrenden Arbeitsmaschinen (SAM) beispielsweise auch die gerade in ländlichen Regionen häufig anzutreffenden Traktoren.

a) Selbstfahrende Arbeitsmaschinen und Stapler, § 3 Abs. 2 S. 1 Nr. 1a FZV. Selbstfahrende Arbeitsmaschinen sind Kraftfahrzeuge, die nach ihrer Bauart und ihren besonderen, mit dem Fahrzeug fest verbundenen Einrichtungen zur Verrichtung von Arbeiten, jedoch nicht zur Beförderung von Personen oder Gütern bestimmt und geeignet sind. Unter den Begriff fallen auch selbstfahrende Futtermischwagen mit einer bauartbedingten Höchstgeschwindigkeit von nicht mehr als 25 km/h (§ 2 Nr. 17 FZV).
Stapler sind Kraftfahrzeuge, die nach ihrer Bauart für das Aufnehmen, Heben, Bewegen und Positionieren von Lasten bestimmt und geeignet sind (§ 2 Nr. 18 FZV).

Quelle: pixabay.com

Quelle: pixabay.com

b) Einachsige Zugmaschinen, wenn diese nur für landwirtschaftliche Zwecke verwendet werden, § 3 Abs. 2 S. 1 Nr. 1b FZV.

Quelle: pixabay.com

c) Leichtkrafträder, § 3 Abs. 2 S. 1 Nr. 1c FZV. Leichtkrafträder sind Krafträder mit einer Nennleistung von nicht mehr als 11 kW und im Falle von Verbrennungsmotoren mit einem Hubraum von mehr als 50 cm³, aber nicht mehr als 125 cm³.

Quelle: pixabay.com

d) Zwei- oder dreirädrige Kleinkrafträder, § 3 Abs. 2 S. 1 Nr. 1d FZV. Zweirädrige Kraftfahrzeuge oder dreirädrige Kraftfahrzeuge sind mit einer bauartbedingten Höchstgeschwindigkeit von nicht mehr als 45 km/h und folgenden Eigenschaften ausgestattet:
   1. **Zweirädrige Kleinkrafträder** mit Verbrennungsmotor, dessen Hubraum nicht mehr als 50 cm³ beträgt, oder mit Elektromotor, dessen maximale Nenndauerleistung nicht mehr als 4 kW beträgt.

Quelle: pixabay.com

2. **Dreirädrige Kleinkrafträder** mit Fremdzündungsmotor, dessen Hubraum nicht mehr als 50 cm³ beträgt, mit einem anderen Verbrennungsmotor, dessen maximale Nutzleistung nicht mehr als 4 kW beträgt, oder mit einem Elektromotor, dessen maximale Nenndauerleistung nicht mehr als 4 kW beträgt.

e) Motorisierte Krankenfahrstühle, § 3 Abs. 2 S. 1 Nr. 1e FZV.
Dabei handelt es sich um einsitzige, nach der Bauart zum Gebrauch durch körperlich behinderte Personen bestimmte Kraftfahrzeuge mit Elektroantrieb. Die Leermasse darf nicht mehr als 300 kg (einschließlich Batterien, jedoch ohne Fahrer) sowie eine zulässige Gesamtmasse von nicht mehr als 500 kg übersteigen. Die bauartbedingte Höchstgeschwindigkeit liegt bei nicht mehr als 15 km/h und die Breite über alles bei maximal 110 cm (vgl. § 2 Nr. 13 FZV).

Quelle: pixabay.com

f) Leichte vierrädrige Kraftfahrzeuge, § 3 Abs. 2 S. 1 Nr. 1f FZV (Merkmale aus Art. 4 Abs. 2 lit. f der Verordnung (EU) 168/2013).
Es liegt eine bauartbedingte Höchstgeschwindigkeit von nicht mehr als 45 km/h und einem Hubraum von nicht mehr als 50 cm³ (bei Fremdzündungsmotoren) oder von nicht mehr als 500 cm³ (bei Selbstzündungsmotoren) vor. Die maximale Nenndauerleistung im Falle von Elektromotoren oder die maximale Nutzleistung bei anderen Verbrennungsmotoren liegt bei bis zu 4 kW (Klasse L6e-A) bzw. 6 kW (Klasse L6e-B). Die Masse in fahrbereitem Zustand darf 425 kg mit höchstens zwei Sitzplätzen (einschl. Fahrersitz) nicht überschreiten.

Quelle: pixabay.com

g) Elektrokleinstfahrzeuge, § 1 Abs. 1 eKFV, § 3 Abs. 2 S. 1 Nr. 1g FZV.
Diese Fahrzeuge mit elektrischem Antrieb weisen eine bauartbedingte Höchstgeschwindigkeit von nicht weniger als 6 km/h und nicht mehr als 20 km/h auf. Es handelt sich um Fahrzeuge ohne Sitz oder um ein selbstbalancierendes Fahrzeug mit oder ohne Sitz. Es hat eine Lenk- oder Haltestange, eine Nenndauerleistung von nicht mehr

Quelle: unsplash.com

als 500 Watt (oder von nicht mehr als 1.400 Watt bei Selbstbalancierung), eine Gesamtbreite von nicht mehr als 700 mm, eine Gesamthöhe von nicht mehr als 1.400 mm und eine Gesamtlänge von nicht mehr als 2.000 mm. Es gilt eine maximale Fahrzeugmasse ohne Fahrer von nicht mehr als 55 kg. Als selbstbalancierend gilt ein Fahrzeug gemäß § 1 Abs. 2 eKFV, wenn es mit einer integrierten elektronischen Balance-, Antriebs-, Lenk- und Verzögerungstechnik ausgestattet ist, durch die es eigenständig in Balance gehalten wird. Beschleunigung, Bremsen und Lenkung erfolgen somit per Gewichtsverlagerung des Fahrzeugführers.

Zulassungsfreie Anhänger nach § 3 Abs. 2 S. 1 Nr. 2 FZV

Neben den genannten Kraftfahrzeugen sollen im Folgenden die zulassungsfreien Anhänger beispielhaft – aber nicht abschließend – dargestellt werden. Gerade in Hinblick auf die Anhänger ist zu beachten, dass die Zulassungsfreiheit häufig an einen bestimmten Verwendungszweck gebunden ist, der bei jeder (!) Fahrt zu beachten ist.

a) Anhänger in land- oder forstwirtschaftlichen Betrieben, wenn die Anhänger **nur** für land- oder forstwirtschaftliche Zwecke verwendet und mit einer Geschwindigkeit von nicht mehr als 25 km/h hinter Zugmaschinen oder selbstfahrenden Arbeitsmaschinen mitgeführt werden. (Beachten Sie, dass die Anhänger gemäß § 3 Abs. 2 S. 2 FZV nur dann vom Zulassungsverfahren ausgenommen sind, wenn ein Geschwindigkeitsschild nach § 58 StVZO am Fahrzeug angebracht ist.)

b) Wohnwagen und Packwagen im Schaustellergewerbe, die von Zugmaschinen mit einer Geschwindigkeit von nicht mehr als 25 km/h mitgeführt werden. (Beachten Sie, dass die Anhänger gemäß § 3 Abs. 2 S. 2 FZV nur dann vom Zulassungsverfahren ausgenommen sind, wenn ein Geschwindigkeitsschild nach § 58 StVZO am Fahrzeug angebracht ist.)

c) Fahrbare Baubuden, die von Kraftfahrzeugen mit einer Geschwindigkeit von nicht mehr als 25 km/h mitgeführt werden. (Beachten Sie, dass die Anhänger gemäß § 3 Abs. 2 S. 2 FZV nur dann vom Zulassungsverfahren ausgenommen sind, wenn ein Geschwindigkeitsschild nach § 58 StVZO am Fahrzeug angebracht ist.)

d) Arbeitsmaschinen (d. h. Fahrzeuge, die nach ihrer Bauart und ihren besonderen, mit dem Fahrzeug fest verbundenen Einrichtungen zur Verrichtung von Arbeiten, jedoch nicht zur Beförderung von Personen oder Gütern bestimmt und geeignet sind).

e) Spezialanhänger zur Beförderung von Sportgeräten, Tieren für Sportzwecke oder Rettungsbooten des Rettungsdienstes oder Katastrophenschutzes, wenn die Anhänger **ausschließlich** für solche Beförderungen verwendet werden.

f) Einachsige Anhänger hinter Krafträdern, Kleinkrafträdern und motorisierten Krankenfahrstühlen.

g) Anhänger für den Einsatzzweck der Feuerwehren und des Katastrophenschutzes.

h) Land- oder forstwirtschaftliche Arbeitsgeräte.

i) Hinter land- oder forstwirtschaftlichen einachsigen Zug- oder Arbeitsmaschinen mitgeführte Sitzkarren.

Voraussetzungen für die Inbetriebnahme zulassungsfreier Fahrzeuge aus § 4 FZV

Wie zuvor dargestellt, ist es für die Bearbeitung zulassungsrechtlicher Klausuren bedeutsam, dass Sie die zu prüfenden Fahrzeuge den in § 3 Abs. 2 FZV genannten Bezeichnungen richtig zuordnen können. Ist Ihnen dieser Schritt gelungen und haben Sie somit festgestellt, dass das zu prüfende Fahrzeug (Kraftfahrzeug oder Kraftfahrzeuganhänger) gemäß § 3 Abs. 2 FZV zulassungsfrei ist, erfolgt im nächsten Schritt die Auseinandersetzung mit den gesetzlichen Voraussetzungen für die Inbetriebnahme zulassungsfreier Fahrzeuge. Diese Voraussetzungen sind nahezu komplett in § 4 FZV zentral zusammengefasst.

Sonderfall Elektrokleinstfahrzeuge

Einen Sonderfall nehmen die nach § 3 Abs. 2 S. 1 Nr. 1g FZV zulassungsfreien Elektrokleinstfahrzeuge ein. Die Voraussetzungen für die Inbetriebnahme dieser Fahrzeuge richtet sich nämlich gerade **nicht** nach § 4 FZV, sondern nach § 2 eKFV.

Im Rahmen der Auseinandersetzung mit den Inhalten des § 4 FZV sollten Sie beachten, dass nicht sämtliche Voraussetzungen für alle zulassungsfreien Fahrzeuge Geltung beanspruchen. Vielmehr verhält es sich so, dass einzelne Voraussetzungen immer nur für bestimmte, in den jeweiligen Absätzen genau bezeichnete Fahrzeuge aus dem Kanon des § 3 Abs. 2 FZV gelten.

Klausurhinweis „Vorgehen bei der Prüfung zulassungsfreier Fahrzeuge“

Nachdem Sie festgestellt haben, dass das zu prüfende Fahrzeug nach § 3 Abs. 2 FZV zulassungsfrei ist, sollten Sie die weiteren Voraussetzungen aus § 4 FZV in chronologischer Reihenfolge prüfen und jeweils bewerten, ob die in den einzelnen Absätzen des § 4 FZV genannten Voraussetzungen auf das von Ihnen zu prüfende Fahrzeug Anwendung finden.

In der Klausurbearbeitung könnte der folgende Formulierungsvorschlag Verwendung finden:

Formulierungsvorschlag

Grundsätzlich müssen alle Kraftfahrzeuge, die in den Anwendungsbereich der FZV fallen, gemäß § 3 Abs. 1 FZV von der zuständigen Behörde zum Verkehr zugelassen werden. Fraglich ist, ob das vorliegende Fahrzeug gemäß § 3 Abs. 2 FZV von den Vorschriften über das Zulassungsverfahren ausgenommen ist. Vorliegend könnte es sich hier um ein nach § 3 Abs. 2 S. 1 Nr. 1c FZV zulassungsfreies Leichtkraftrad handeln. Da die technischen Merkmale unter der Definition des § 2 Nr. 10 FZV subsumiert werden können [kurze sachverhaltsbezogene Darstellung der jeweiligen Merkmale], *ist somit festzustellen, dass das zu prüfende Leichtkraftrad gemäß § 3 Abs. 2 S. 1 Nr. 1c FZV zulassungsfrei ist. Nun ist zu prüfen, ob die Voraussetzungen zur Inbetriebnahme zulassungsfreier Fahrzeuge nach § 4 FZV erfüllt sind.*

4.2.2 Voraussetzungen für die Inbetriebnahme zulassungsfreier Fahrzeuge nach § 4 FZV

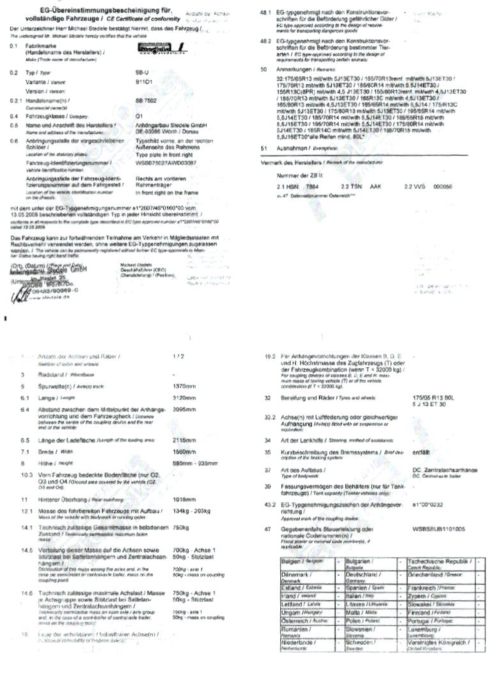

EG-Übereinstimmungsbescheinigung für vollständige Fahrzeuge / CE Certificate of conformity

Der Unterzeichner Herr Michael Stedele bestätigt hiermit, dass das Fahrzeug / The undersigned Mr. Michael Stedele hereby certifies that the vehicle

0.1	Fabrikmarke (Handelsname des Herstellers) / Make (Trade name of manufacturer)	Stedele
0.2	Typ / Type	SB-U
	Variante / Variant	811O1
	Version / version	
0.2.1	Handelsname(n) / Commercial name(s)	SB 7502
0.4	Fahrzeugklasse / Category	O1
0.5	Name und Anschrift des Herstellers / Name and address of the manufacturer	Anhängerbau Stedele GmbH DE-93086 Wörth / Donau
0.6	Anbringungsstelle der vorgeschriebenen Schilder / Location of the statutory plates	Typschild vorne, an der rechten Außenseite des Rahmens / Type plate in front right
	Fahrzeug-Identifizierungsnummer / Vehicle identification number	WSBB7502?AWD03087
	Anbringungsstelle der Fahrzeug-Identifizierungsnummer auf dem Fahrgestell / Location of the vehicle identification number on the chassis	Rechts am vorderen Rahmenträger / In front right on the frame

mit dem unter der EG-Typgenehmigungsnummer e1*2007/46*0160*00 vom 13.05.2009 beschriebenen vollständigen Typ in jeder Hinsicht übereinstimmt.

Das Fahrzeug kann zur fortwährenden Teilnahme am Verkehr in Mitgliedsstaaten mit Rechtsverkehr verwendet werden, ohne weitere EG-Typgenehmigungen zugelassen werden.

(Ort), (Datum) / (Place and Date) Anhängerbau Stedele GmbH Im Haslet 25 93086 Wörth/Do. 09482/90969-0 www.stedele.de (Unterschrift) — Michael Stedele, Geschäftsführer (CEO) (Dienststellung) / (Position)

48.1	EG-typgenehmigt nach den Konstruktionsvorschriften für die Beförderung gefährlicher Güter / EC type-approved according to the design of requirements for transporting dangerous goods	-
48.2	EG-typgenehmigt nach den Konstruktionsvorschriften für die Beförderung bestimmter Tierarten / EC type-approved according to the design of requirements for transporting certain animals	-
50	Anmerkungen / Remarks	32:175/65R13 mit/with 5J13ET30 / 165/70R13reinf. mit/with 5J13ET30 / 175/70R13 mit/with 5J13ET30 / 185/60R14 mit/with 5,5J14ET30 / 155R13C(8PR) mit/with 4,5 J13ET30 / 155/80R13reinf. mit/with 4,5J13ET30 / 185/70R13 mit/with 5J13ET30 / 165R13C mit/with 4,5J13ET30 / 165/80R13 mit/with 4,5J13ET30 / 185/65R14 mit/with 5,5J14 / 175R13C mit/with 5J13ET30 / 175/80R13 mit/with 5J13ET30 / 195/65R14 mit/with 5,5J14ET30 / 185/70R14 mit/with 5,5J14ET30 / 185/65R15 mit/with 5,5J15ET30 / 195/70R14 mit/with 5,5J14ET30 / 175/80R14 mit/with 5J14ET30 / 185R14C mit/with 5J14ET30 / 195/70R15 mit/with 5,5J15ET30*alle Reifen mind. 80L*
51	Ausnahmen / Exemptions	

Vermerk des Herstellers / Remark of the manufacturer

Nummer der ZB II:

2.1 HSN: 7884 2.2 TSN: AAK 2.2 VVS: 000056

zu 47: Datensatznummer Österreich***

1	Anzahl der Achsen und Räder / Number of axles and wheels	1 / 2
3	Radstand / Wheelbase	-
5	Spurweite(n) / Axle(s) track	1370mm
6.1	Länge / Length	3120mm
6.4	Abstand zwischen dem Mittelpunkt der Anhängevorrichtung und dem Fahrzeugheck / Distance between the centre of the coupling device and the rear end of the vehicle	3095mm
6.5	Länge der Ladefläche / Length of the loading area	2115mm
7.1	Breite / Width	1560mm
8	Höhe / Height	885mm - 935mm
10.3	Vom Fahrzeug bedeckte Bodenfläche (nur O2, O3 und O4 / Ground area covered by the vehicle (O2, O3 and O4)	-
11	Hinterer Überhang / Rear overhang	1018mm
12.1	Masse des fahrbereiten Fahrzeugs mit Aufbau / Mass of the vehicle with bodywork in running order	134kg - 203kg
14.1	Technisch zulässige Gesamtmasse in beladenem Zustand / Technically permissible maximum laden mass	750kg
14.5	Verteilung dieser Masse auf die Achsen sowie Stützlast bei Sattelanhängern und Zentralachsanhängern / Distribution of this mass among the axles and, in the case of semi-trailer or centre-axle trailer, mass on the coupling point	700kg - Achse 1, 50kg - Stützlast / 700kg - axle 1, 50kg - mass on coupling
14.6	Technisch zulässige maximale Achslast / Masse je Achsgruppe sowie Stützlast bei Sattelanhängern und Zentralachsanhängern / Technically permissible mass on each axle / axle group and, in the case of a semi-trailer or centre-axle trailer, mass on the coupling point	750kg - Achse 1, 50kg - Stützlast / 750kg - axle 1, 50kg - mass on coupling
16	Lage der anhebbaren / belastbaren Achse(n) / Position of liftable or loadable axle(s)	-
19.2	Für Anhängevorrichtungen der Klassen B, D, E und H: Höchstmasse des Zugfahrzeugs (T) oder der Fahrzeugkombination (wenn T < 32000 kg) / For coupling devices of classes B, D, E and H: maximum mass of towing vehicle (T) or of the vehicle combination (if T < 32000 kg)	-
32	Bereifung und Räder / Tyres and wheels	175/65 R13 80L 5 J 13 ET 30
33.2	Achse(n) mit Luftfederung oder gleichwertiger Aufhängung / Axle(s) fitted with air suspension or equivalent	-
34	Art der Lenkhilfe / Steering, method of assistance	-
35	Kurzbeschreibung des Bremssystems / Brief description of the braking system	entfällt
37	Art des Aufbaus / Type of bodywork	DC Zentralachsanhänger / DC Centre-axle trailer
39	Fassungsvermögen des Behälters (nur für Tankfahrzeuge) / Tank capacity (Tanker vehicles only)	-
43.2	EG-Typgenehmigungszeichen der Anhängevorrichtung / Approval mark of the coupling device	e1*00*0232
47	Gegebenenfalls Steuerleistung oder nationale Codenummer(n) / Fiscal power or national code number(s), if applicable	WSBSBUB1101005

Belgien / Belgium	-	Bulgarien / Bulgaria	-	Tschechische Republik / Czech Republic	-
Dänemark / Denmark	-	Deutschland / Germany	-	Griechenland / Greece	-
Estland / Estonia	-	Spanien / Spain	-	Frankreich / France	-
Irland / Ireland	-	Italien / Italy	-	Zypern / Cyprus	-
Lettland / Latvia	-	Litauen / Lithuania	-	Slowakei / Slovakia	-
Ungarn / Hungary	-	Malta / Malta	-	Finnland / Finland	-
Österreich / Austria	-	Polen / Poland	-	Portugal / Portugal	-
Rumänien / Romania	-	Slowenien / Slovenia	-	Luxemburg / Luxembourg	-
Niederlande / Netherlands	-	Schweden / Sweden	-	Vereinigtes Königreich / United Kingdom	-

Quelle: privat

Gemäß § 4 Abs. 1 FZV müssen (fast) alle in § 3 Abs. 2 FZV genannten zulassungsfreien Fahrzeuge einem genehmigten Typ entsprechen oder es muss eine Einzelgenehmigung erteilt worden sein. Ein Fahrzeug entspricht dann einem genehmigten Typ (siehe auch die Definition aus § 2 Nr. 4, 6 FZV), wenn – vereinfacht ausdrückt – das jeweilige Fahrzeug die technischen Voraussetzungen, die der Gesetzgeber für derartige Fahrzeuge fordert, eingehalten hat. Anstelle der Bezeichnung „Genehmigter Typ“ oder „Einzelgenehmigung“ soll im Folgenden der Begriff der Betriebserlaubnis (BE) verwendet werden.

Genehmigter Typ, Einzelgenehmigung, Betriebserlaubnis (hier als Übereinstimmungsbescheinigung)

Damit lässt sich der Inhalt des § 4 Abs. 1 FZV so zusammenfassen, dass mit Ausnahme von Elektrokleinstfahrzeugen, landwirtschaftlichen Arbeitsgeräten mit einer zGM von nicht mehr als 3 t und den (praktisch bedeutungslosen) Sitzkarren alle zulassungsfreien Fahrzeuge eine BE benötigen.

Sonderfall Elektrokleinstfahrzeuge

Bedenken Sie, dass sich das Erfordernis einer BE bei Elektrokleinstfahrzeugen nicht aus § 4 Abs. 1 FZV, sondern aus § 2 Abs. 1 S. 1 Nr. 1 eKFV ergibt.

Im Rahmen der Klausurbearbeitung können Sie diese Erkenntnis wie folgt einbringen:

Formulierungsvorschlag

Gemäß § 4 Abs. 1 FVZ dürfen die dort genannten Fahrzeuge nur dann in Betrieb gesetzt werden, wenn für diese Fahrzeuge eine Betriebserlaubnis erteilt worden ist. In der Anlage zur Klausur ist die Betriebserlaubnis für das betreffende Fahrzeug abgedruckt, sodass die Vorgaben aus § 4 Abs. 1 FZV beachtet worden sind.

Amtliche Kennzeichen für zulassungsfreie Fahrzeuge, § 4 Abs. 2 FZV

Eine weitere Besonderheit stellt die Regelung des § 4 Abs. 2 FZV dar. In Gliederungspunkt 4.1 wurde dargestellt, dass ein Element der Zulassung nach § 3 Abs. 1 FZV in der Zuteilung amtlicher Kennzeichen besteht. Bereits dort wurde darauf hingewiesen, dass vom Vorhandensein von Kennzeichenschildern nicht automatisch auf eine Zulassungspflicht geschlossen werden darf. Gemäß § 4 Abs. 2 FZV müssen nämlich Leichtkrafträder (immer), SAM und Stapler mit einer bbH von mehr als 20 km/h sowie Spezialanhänger für u. a. Tiertransport- und Sportzwecke und überdies (angehängte) Arbeitsmaschinen mit amtlichen Kennzeichen (beispielsweise § 8 Abs. 1, aber auch § 9 Abs. 2 FZV) versehen werden. Für die genannten Spezialanhänger und die angehängten Arbeitsmaschinen gilt dies aber nur, wenn sie nicht nach § 58 StVZO (25-km/h-Geschwindigkeitsschild) gekennzeichnet sind.

Klausurhinweis

Es wird oft übersehen, dass § 4 Abs. 2 S. 2 FZV diejenigen Vorschriften der FZV für anwendbar erklärt, die grundsätzlich nur für zulassungspflichtige

Fahrzeuge gelten (mit Ausnahme der Vorschriften über die Zulassungsbescheinigung II, den „Fahrzeugbrief"). Das bedeutet konkret, dass für die zulassungsfreien Fahrzeuge, für die nach § 4 Abs. 2 FZV ein amtliches Kennzeichen vorgeschrieben ist, auch eine Siegelung der Kennzeichen (§ 10 Abs. 3 FZV) stattfindet und ferner eine Zulassungsbescheinigung I ausgefertigt wird. Letztere wäre dann (wie bei zulassungspflichtigen Fahrzeugen) gemäß § 11 Abs. 6 FZV mitzuführen und zuständigen Personen auf Verlangen auszuhändigen.

Formulierungsvorschlag

Dieses Ergebnis könnte in der Klausur wie folgt formuliert werden:

Gemäß § 4 Abs. 2 S. 1 Nr. 2 FZV müssen die aufgeführten Fahrzeuge trotz bestehender Zulassungsfreiheit mit einem amtlichen Kennzeichen nach § 8 Abs. 1 FZV versehen sein. Gemäß Anlagen in der Klausur ist das zu prüfende Leichtkraftrad mit den amtlichen Kennzeichen XX-XX 1234 versehen, sodass auch die Voraussetzungen aus § 4 Abs. 2 FVZ beachtet worden sind. Die nach § 4 Abs. 2 S. 2 FZV auszufertigende ZB I des Leichtkraftrades ist gemäß § 11 Abs. 6 FZV mitzuführen und zuständigen Personen auf Verlangen auszuhändigen. Auch dieser Verpflichtung kommt der Fahrzeugführer laut Sachverhalt nach.

Bearbeitungshinweis

Die Mitführ- und Aushändigungspflicht der Zulassungsbescheinigung I des betreffenden Fahrzeugs nach § 11 Abs. 6 FZV können sie wahlweise auch im Rahmen der Auseinandersetzung mit § 4 Abs. 5 FZV erörtern.

Versicherungskennzeichen

Quelle: Anlage zur Fahrzeugzulassungsverordnung

Nach § 4 Abs. 3 FZV müssen Kleinkrafträder, Krankenfahrstühle und vierrädrige Leichtkraftfahrzeuge mit Versicherungskennzeichen nach § 26 FZV ausgestattet werden.

(Leicht-)Mofa als zulassungsrechtlicher Unterfall der Kleinkrafträder

Beachten Sie dabei, dass sich das Mofa (im Sinne des § 4 Abs. 1 S. 2 Nr. 1 FEV) zulassungsrechtlich als Unterfall des Kleinkraftrades darstellt. Damit müssen auch Mofas (ebenfalls als sogenannte Leichtmofas nach der Leichtmofa-Ausnahmeverordnung) gemäß § 4 Abs. 3 FZV mit Versicherungskennzeichen ausgerüstet sein müssen.

Die optische Ausgestaltung des Versicherungskennzeichens wird in §§ 26 Abs. 2, 27 Abs. 1, 2 FZV näher beschrieben und besteht aus einer Buchstaben- und Zahlenkombination, wobei die (maximal) drei Buchstaben unterhalb der (maximal) drei Zahlen angeordnet werden.

Verkehrsjahr

Zu beachten ist, dass diese Versicherungskennzeichen jeweils nur für ein Verkehrsjahr gültig sind. Das Verkehrsjahr beginnt gemäß § 26 Abs. 1 S. 3 FZV am 1. März eines jeden Jahres und endet Ende Februar des Folgejahres.

„grüne“ Versicherungskennzeichen für das Verkehrsjahr 2022

Zum Zwecke der besseren Kontrollierbarkeit wechselt in jedem Kalenderjahr die Farbe der Beschriftung und des Kennzeichenrands jeweils in der Reihenfolge blau, grün, schwarz, wobei für das Versicherungsjahr 2022 (also vom 1. März 2022 bis zum 28. Februar 2023) die Farbe Grün vorgesehen ist.

Da durch die sich im Drei-Jahres-Rhythmus wiederholende Farbkombination ein gewisses Missbrauchspotenzial besteht (nach drei Jahren hat man schließlich wieder die „aktuelle“ Farbkombination), ist das jeweilige Verkehrsjahr zusätzlich mittig unterhalb des Versicherungskennzeichens angegeben.

Angabe des Versicherungsjahres auf dem Versicherungskennzeichen

Quelle: Anlage zur Fahrzeugzulassungsverordnung

Mitführ- und Aushändigungspflicht der Versicherungsbescheinigung

Neben dem Versicherungskennzeichen wird dem Versicherungsnehmer gemäß § 26 Abs. 1 S. 2 FZV auch eine Bescheinigung über die bestehende Haftpflichtversicherung ausgehändigt. Diese ist gemäß § 26 Abs. 1 S. 6 FZV mitzuführen und zuständigen Personen auf Verlangen auszuhändigen.

Anbringungsvorschriften

Die Anbringungsvorschriften für das Versicherungskennzeichen sind in § 27 Abs. 3 (wenn hinter dem betreffenden Kraftfahrzeug noch Anhänger mitgeführt werden auch in Abs. 4) FZV geregelt. Demnach ist das Kennzeichen hinten am Fahrzeug, möglichst unter der Schlussleuchte, anzubringen.

Versicherungsplakette bei Elektrokleinstfahrzeugen

Beachten Sie, dass Elektrokleinstfahrzeuge nach der eKFV zwar kein Versicherungskennzeichen, dafür aber gemäß § 2 Abs. 1 S. 1 Nr. 2 eKFV eine Versicherungsplakette gemäß § 29a FZV führen müssen. Als weitere bedeutende Abweichung von den Regelungen der §§ 26f FZV ist bei der zulassungsrechtlichen Würdigung von Elektrokleinstfahrzeugen zu beachten, dass die Versicherungsbescheinigung nicht mitgeführt, sondern gemäß § 29a Abs. 2 Nr. 1 FZV lediglich aufzubewahren und auf Verlangen den zuständigen Personen auszuhändigen ist.

Quelle: Anlage zur Fahrzeugzulassungsverordnung

Straftat nach dem Pflichtversicherungsgesetz bei abgelaufenen Versicherungskennzeichen

Generell ist zu beachten, dass die Thematik Versicherungskennzeichen häufig Eingang in zulassungsrechtliche Klausuren findet. Neben Verstößen gegen die Anbringungsvorschriften (§§ 27 Abs. 7 FZV i. V. m. 48 Nr. 1c FZV i. V. m. 24 StVG) oder die Mitführ- und Aushändigungspflicht der Versicherungsbescheinigung (§§ 26 Abs. 1 S. 6 FZV i. V. m. 48 Nr. 5 FZV i. V. m. 24 StVG) sind regelmäßig Fallgestaltungen zu prüfen, in denen das betreffende Kraftfahrzeug mit einem nicht mehr gültigen Versicherungskennzeichen (d. h.

mit einem Kennzeichen für das falsche oder vorherige Versicherungsjahr) geführt wird. In diesen Fällen ist neben einer Ordnungswidrigkeit nach §§ 27 Abs. 7 FZV i. V. m. 48 Nr. 1c FZV i. V. m. 24 StVG insbesondere zu prüfen, ob nicht zusätzlich eine Straftat nach § 6 Pflichtversicherungsgesetz einschlägig sein könnte. Vergleichen Sie zur Frage der Strafbarkeit nach dem Pflichtversicherungsgesetz die Ausführungen unter Gliederungspunkt 6.

Diese Ausführungen gelten bei der Prüfung von Elektrokleinstfahrzeugen analog, wobei sich der Aufbau der Paragraphenkette bei entsprechenden Verstößen leicht abwandelt. So ist das Nichtanbringen der Versicherungsplakette nach §§ 2 Abs. 1 S. 1 eKFV i. V. m. 14 Nr. 1 eKFV i. V. m. 24 StVG (parallel übrigens nach §§ 29 Abs. 4 FZV i. V. m. 48 Nr. 1c FZV i. V. m. 24 StVG) und das Nichtaufbewahren oder -aushändigen der Versicherungsbescheinigung nach §§ 29 Abs. 2 Nr. 1 FZV i. V. m. 48 Nr. 6 FZV i. V. m. 24 StVG ordnungswidrig.

Formulierungsvorschlag

Diese Ausführungen können Sie im Rahmen der Klausurbearbeitung wie folgt formulieren:

Gemäß § 4 Abs. 3 FZV ist für das vorliegende Fahrzeug ein Versicherungskennzeichen i. S. d. §§ 26f FZV erforderlich. Gemäß der Anlage zur Klausur ist am Fahrzeug ein aktuelles Versicherungskennzeichen hinten am Fahrzeug angebracht. Außerdem muss die Bescheinigung über die Haftpflichtversicherung gemäß § 26 Abs. 1 S. 6 FZV mitgeführt und zuständigen Personen auf Verlangen ausgehändigt werden. Auch dieser Verpflichtung kommt der Fahrzeugführer nach/nicht nach.

Übung

Übung:

Nach welcher Norm handelt der Halter eines ElektrokleinstFahrzeugs ordnungswidrig, wenn sein Fahrzeug ohne die erforderliche Versicherungsplakette geführt wird?

Antwort

Antwort:

Das Nichtanbringen der Versicherungsplakette ist gemäß § 29a Abs. 4 FZV i. V. m. 48 Nr. 1c FZV i. V. m. 24 StVG ordnungswidrig. Parallel kommt eine Ordnungswidrigkeit nach § 2 Abs. 1 S. 1 eKFV i. V. m. 14 Nr. 1 eKFV i. V. m. 24 StVG in Betracht, wobei nach hier vertretener Ansicht § 2 Abs. 1 eKFV spezieller ist und damit Anwendungsvorrang genießt.

Als Faustformel können Sie sich merken, dass alle Fahrzeuge, die unter dem Regelungsregime der FZV fallen, einen Rückschluss auf eine verantwortliche

Person (den Fahrzeughalter) ermöglichen müssen. Dieser Rückschluss erfolgt in aller Regel über das am Fahrzeug angebrachte (Versicherungs-)Kennzeichen.

Kennzeichnung mit Namen und Anschrift des Halters nach § 4 Abs. 4 FZV

Aus diesem Grund müssen selbstfahrende Arbeitsmaschinen, Stapler und einachsige Zugmaschinen für land- oder forstwirtschaftliche Zwecke (vgl. dazu § 6 Abs. 5 FEV), wenn sie eine bbH von nicht mehr als 20 km/h aufweisen, gemäß § 4 Abs. 4 FEV auf der linken Seite mit dem Namen und der Anschrift des Fahrzeughalters gekennzeichnet sein. Motorisierte Krankenfahrstühle müssen darüber hinaus mit einer Heckmarkierungstafel nach der ECE-Regelung 79 (rotes Dreieck mit abgeflachten Ecken) an der Fahrzeugrückseite gekennzeichnet sein. Allerdings spielt die Regelung des § 4 Abs. 4 FZV in der Klausurpraxis eine untergeordnete Rolle.

Mitführ- und Aushändigungspflicht der Betriebserlaubnis

Von hoher thematischer Relevanz ist indes die Regelung des § 4 Abs. 5 FZV. Demnach muss die nach § 4 Abs. 1 FZV erforderliche Betriebserlaubnis (diese Begrifflichkeit soll stellvertretend für die in § 4 Abs. 5 FZV genannten Begriffe „Übereinstimmungsbescheinigung“, „Datenbestätigung“ und „Einzelgenehmigung“ stehen) in aller Regel mitgeführt und zuständigen Personen auf Verlangen ausgehändigt werden.

Aufbewahrungs- und Aushändigungspflicht der BE, insbesondere bei bestimmten Anhängern

Lediglich bei einachsigen Zugmaschinen (§ 3 Abs. 2 S. 1 Nr. 1b FZV) und den Anhängern nach § 3 Abs. 2 S. 1 Nr. 2 a (land- oder forstwirtschaftlich bis 25 km/h bbH), c (Baubuden bis 25 km/h), d (angehängte Arbeitsmaschinen), g (Anhänger der Feuerwehr bzw. des Katastrophenschutzes) und h (landwirtschaftliche Arbeitsgeräte > 3 t) ist es ausreichend, wenn die Betriebserlaubnis (am Betriebssitz) aufbewahrt und auf Verlangen ausgehändigt wird.

Formulierungsvorschlag

Die Mitführ- und Aushändigungspflicht bzw. die Aushändigungs- und Aufbewahrungspflicht können Sie in der Klausur wie folgt thematisieren:

Gemäß § 4 Abs. 5 FZV ist die Betriebserlaubnis für das betreffende Fahrzeug mitzuführen/aufzubewahren (je nachdem welches Fahrzeug geführt wird) und zuständigen Personen auf Verlangen auszuhändigen. Auch dieser Verpflichtung kommt der betreffende Fahrzeugführer nach/nicht nach.

Sonderfall Elektrokleinstfahrzeuge

Bedenken Sie, dass sich im Fall der Elektrokleinstfahrzeuge die Aufbewahrungs- und Aushändigungspflicht für die Betriebserlaubnis aus § 2 Abs. 1 S. 2 eKFV ergibt. Ein Verstoß hiergegen wäre gemäß § 2 Abs. 1 eKFV i. V. m. 14 Nr. 2 eKFV i. V. m. 24 StVG ordnungswidrig.

4.3 Vorübergehende Verkehrsteilnahme

Sie haben bisher erfahren, dass alle Fahrzeuge, die in den Anwendungsbereich der FZV fallen, nach § 3 Abs. 1 FZV zulassungspflichtig oder alternativ nach § 3 Abs. 2 FZV zulassungsfrei sind.

Repetitorium zulassungspflichtige Fahrzeuge

Im erstgenannten Fall erfolgt die Zulassung gemäß § 3 Abs. 1 S. 2 FZV durch Zuteilung amtlicher Kennzeichen (§§ 8–10 FZV), Abstempelung der Kennzeichen (§ 10 Abs. 3 FZV) sowie durch die Ausfertigung einer Zulassungsbescheinigung I (§ 11 FZV).

Repetitorium zulassungsfreie Fahrzeuge

Sie haben darüber hinaus festgestellt, dass die nach § 3 Abs. 2 FZV zulassungsfreien Fahrzeuge nicht vorbehaltlos am Straßenverkehr teilnehmen dürfen, sondern dass die §§ 4, 26f., 29a FZV Sonderregeln bereithalten, die im Rahmen einer zulassungsrechtlichen Prüfung zu erörtern sind. Die Inbetriebnahme von Elektrokleinstfahrzeugen ist dagegen nach § 2 eKFV und § 29a FZV zu messen.

Übersicht vorübergehende Verkehrsteilnahme

Im folgenden Kapitel sollen Fallkonstellationen erörtert werden, bei denen die Fahrzeuge lediglich kurzzeitig am Straßenverkehr teilnehmen sollen/dürfen. Geregelt ist diese vorübergehende Verkehrsteilnahme in den §§ 16–19 und 28 FZV. Nach dem Ihnen bereits aus den Kapiteln 4.1 und 4.2 bekannten Schema stellt sich die vorübergehende Verkehrsteilnahme als Alternative zur Zulassungspflicht (§ 3 Abs. 1 FZV) und Zulassungsfreiheit (§ 3 Abs. 2 FZV) dar.

Formulierungshilfe für die vorübergehende Verkehrsteilnahme

Im Rahmen der zulassungsrechtlichen Erörterung haben Sie festgestellt, dass zwischen zulassungspflichtigen und zulassungsfreien Fahrzeugen zu differenzieren ist. Weiterhin wurden Ihnen Formulierungshilfen an die Hand gegeben, mit denen Sie in der Lage sind, zulassungsrechtliche Klausuren mit

Bravour zu bestehen. Eine solche Formulierungshilfe benötigen Sie auch für die vorübergehende Verkehrsteilnahme.

An dieser Stelle soll Ihnen bewusst sein, dass die vorübergehende Verkehrsteilnahme mit Ausnahme der roten Versicherungskennzeichen nach § 28 FZV ausnahmslos diejenigen Fahrzeuge erfasst, die gemäß § 3 Abs. 1 FZV zulassungspflichtig sind. Zunächst verwenden Sie die Formulierung, die Ihnen aus der Prüfung der zulassungspflichtigen Fahrzeuge bekannt ist:

Formulierungsvorschlag

Da das zu prüfende Fahrzeug unter keine der in § 3 Abs. 2 FZV genannten Ausnahmen zu subsumieren ist, unterliegt es der Zulassungspflicht gemäß § 3 Abs. 1 FZV. Die Zulassung erfolgt durch Zuteilung amtlicher Kennzeichen, Siegelung der Kennzeichen und Ausfertigung der ZB I.

Allerdings ist festzustellen, dass das Fahrzeug der/des X [Name der genannten Person] *weder mit gesiegelten Kennzeichen versehen ist, noch eine Zulassungsbescheinigung I ausgegeben wurde. Stattdessen ist das Fahrzeug aber mit (beispielsweise) roten Händlerkennzeichen i. S. d. § 16 Abs. 2 FZV* [hier würden Sie die unter den Gliederungspunkten 4.3.2 bis 4.3.6 vorgestellten und laut Klausursachverhalt einschlägigen Kennzeichen einfügen] *ausgestattet. Nun ist zu prüfen, ob die gesetzlichen Voraussetzungen dieser Kennzeichen eingehalten werden.*

Schema

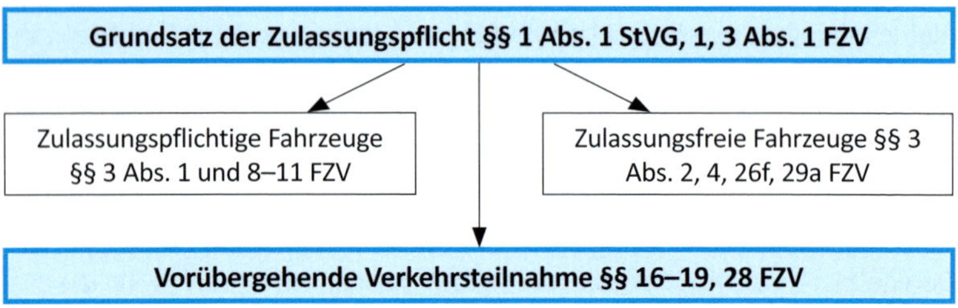

Differenzierung

Die erstgenannten Pfade lassen die Differenzierung/Feststellung zu, dass nur diejenigen Fahrzeuge zulassungsfrei sind, die explizit im Katalog des § 3 Abs. 2 FZV genannt sind. Demzufolge unterliegen alle anderen Fahrzeuge aus dem Geltungsbereich des § 1 FZV der Zulassungspflicht nach § 3 Abs. 1 FZV. Die vorübergehende Verkehrsteilnahme ist an den spezifischen, in den §§ 16 bis 19 und 28 FZV beschriebenen Kennzeichen zu erkennen. Diese sollen im Folgenden dargestellt und die klausurtypischen Problemstellungen erörtert werden.

4.3.1 Prüfungs-, Probe- und Überführungsfahrten

Aus § 16 Abs. 1 FZV ergibt sich die Befugnis, ein nach § 3 Abs. 1 FZV zulassungspflichtiges Fahrzeug ausnahmsweise ohne erfolgte Zulassung zu führen. Diese Privilegierung greift aber nur unter der Voraussetzung, dass ein Haftpflichtversicherungsvertrag besteht (vergleiche dazu auch die Ausführungen unter Gliederungspunkt 5) und darüber hinaus der konkrete Zweck der Fahrt eine Prüfungsfahrt, Probefahrt oder Überführungsfahrt sein muss.

Klausurhinweis

Merken Sie sich, dass eine vorübergehende Verkehrsteilnahme grundsätzlich nur dann in Betracht kommt, wenn das betreffende Fahrzeug nicht zugelassen ist. Dieser Grundsatz gilt nicht bei Fahrzeugen mit Saisonkennzeichen außerhalb des Betriebszeitraums und bei Wechselkennzeichen. In diesen beiden Fällen dürfen die eigentlich amtlich zugeteilten (Wechsel- bzw. Saison-) Kennzeichen nicht am Fahrzeug angebracht sein. Vielmehr muss das Fahrzeug anstelle dieser Kennzeichen mit den unter den Gliederungspunkten 4.3.2 bis 4.3.7 beschriebenen Kennzeichen geführt werden.

Definition Prüfungsfahrt

Eine Prüfungsfahrt gemäß § 2 Nr. 24 liegt nur dann vor, wenn die Fahrt zur Durchführung der Prüfung des Fahrzeugs durch einen amtlich anerkannten Sachverständigen, Prüfer für den Kraftfahrzeugverkehr oder durch einen Prüfingenieur einer amtlich anerkannten Überwachungsorganisation dient – einschließlich der Fahrt des Fahrzeugs zum Prüfungsort hin und zurück.

Definition Probefahrt

Eine Probefahrt gemäß § 2 Nr. 23 FZV erfolgt dagegen zur Feststellung und zum Nachweis der Gebrauchsfähigkeit des Fahrzeugs. Sie kann damit im Gegensatz zur Prüfungsfahrt durch jeden durchgeführt werden. Eine feste zeitliche Grenze für Probefahrten existieren nur eingeschränkt, sodass Probefahrten, wenn sie denn der Erprobung des Fahrzeugs dienen, auch mehrere Tage dauern können.

Definition Überführungsfahrt

Eine Überführungsfahrt ist gemäß § 2 Nr. 25 FZV gegeben, wenn die Fahrt zur Überführung des Fahrzeugs an einen anderen Ort – auch zur Durchführung von Um- oder Aufbauten – erfolgt.

Ferner werden gemäß § 16 Abs. 1 S. 2 FZV Fahrten zur Außenreinigung, Reparatur oder Wartung erfasst, auch wenn diese keine Prüfungs-, Probe- oder Überführungsfahrten sind.

4.3.2 Rote 06-Händlerkennzeichen

Quelle: privat

Die in § 16 Abs. 2 FZV beschriebenen Kennzeichen setzen sich zusammen aus den Buchstaben für den jeweiligen Verwaltungsbezirk und einer Erkennungsnummer, die immer mit 06 beginnt. Sowohl die Beschriftung als auch der Kennzeichenrand sind rot. Zusätzlich ist auf diesen Kennzeichen eine Stempelplakette aufgebracht.

Händlerkennzeichen nur für Prüfungs-, Probe- oder Überführungsfahrten

Unter den Voraussetzungen des § 16 Abs. 1 FZV dürfen zulassungspflichtige, aber nicht zugelassene Fahrzeuge für Prüfungs-, Probe- oder Überführungsfahrten verwendet werden. Bereits aus den zuvor genannten Definitionen können Sie ableiten, dass derartig gekennzeichnete Fahrzeuge nur vorübergehend am Straßenverkehr teilnehmen dürfen, wobei eine Probefahrt u. U. sogar mehrere Tage dauern kann.

Neben der zweckgebundenen Verwendungseinschränkung ist zu beachten, dass jedes Fahrzeug, das mit diesen Kennzeichen geführt werden soll, in das Fahrzeugscheinheft für rote Kennzeichen **in dauerhafter Schrift** – also beispielsweise nicht mit Bleistift – einzutragen ist. Dabei ist für jedes Fahrzeug eine einzelne Seite zu verwenden. Nicht erforderlich ist, dass das geführte Fahrzeug auf der letzten ausgefüllten Seite des Fahrzeugscheinhefts zu finden ist.

Fahrzeugscheinheft für Händlerkennzeichen

Fahrzeugscheinheft
für Fahrzeuge mit rotem Kennzeichen

gültig vom bis

....

....

Das vorstehende rote Kennzeichen ist

Vorname, Name, Firma

Postleitzahl, Wohnort/Firmensitz, Straße und Hausnummer

für die nachfolgend beschriebenen Fahrzeuge zu Prüfungs-, Probe- und Überführungsfahrten zugeteilt worden.
Dieses Heft gilt nur, wenn die nachfolgende Beschreibung für das jeweilige Fahrzeug vom Inhaber in dauerhafter Schrift ausgefüllt und unterschrieben ist.

Ort, Datum

Name der Zulassungsbehörde

Unterschrift

1	Fahrzeugklasse und Art des Aufbaus
2	Hersteller-Kurzbezeichnung (Marke)
3	Fahrzeug-Identifizierungsnummer
4	Hubraum in cm^3 Nennleistung in kW Leermasse in kg (nur bei Krafträdern)
5	Datum der Erstzulassung des Fahrzeugs (soweit nicht bekannt Baujahr)
6	Zulässige Gesamtmasse in kg
7	Zulässige max. Achslast in kg Achse 1 Achse 4 Achse 2 Achse 5 Achse 3
8	Höchstgeschwindigkeit in km/h

Ort, Datum

Unterschrift des Inhabers und Bestätigung der Vorschriftsmäßigkeit des Fahrzeugs

Quelle: Anlage zur Fahrzeugzulassungsverordnung

Mitführ- und Aushändigungspflicht

Gemäß § 16 Abs. 2 S. 4 FZV ist das Fahrzeugscheinheft bei jeder Fahrt mitzuführen und zuständigen Personen auf Verlangen auszuhändigen.

Fahrtennachweis ist zu führen

Neben dem Fahrzeugscheinheft ist durch den Empfänger der Kennzeichen (dem „Händler“) gemäß § 16 Abs. 2 S. 5 FZV ein Fahrtennachweis zu führen. Dieser Fahrtennachweis ist aufzubewahren und zuständigen Personen auf Verlangen vorzulegen. Diese Aufzeichnungen müssen jedoch nicht vor der Fahrt, sondern können auch unmittelbar nach Beendigung der jeweiligen Fahrt ausgefertigt werden.

Unterschiede zwischen der Verpflichtung zum Ausfüllen des Fahrzeugscheinhefts und der Fertigung des Fahrtennachweises

Beachten Sie, dass Sie bei den Händlerkennzeichen zwischen Fahrzeugscheinheft (gewissermaßen das Äquivalent der ZB I) und dem Fahrtennachweis differenzieren müssen. Beide Pflichten müssen durch den Kennzeichenhalter eingehalten werden.

Anbringung der Händlerkennzeichen

In Hinblick auf die Anbringung der Händlerkennzeichen verweist § 16 Abs. 5 S. 1 auf die Regelungen des § 10 FZV, wobei hier jedoch zu beachten ist, dass die Kennzeichen nicht fest angebracht werden müssen, sodass beispielsweise Schnüre, Magneten oder Gummibänder ausreichen können. Es ist lediglich sicherzustellen, dass die Kennzeichen nicht während der Fahrt verloren gehen. Keinesfalls ausreichend und als Verstoß gegen § 10 Abs. 12 FZV zu werten, wäre die Anbringung der Kennzeichen hinter der Windschutzscheibe des geführten Fahrzeugs (§§ 10 Abs. 12 S. 1 FZV i. V. m. 48 Nr. 1b FZV i. V. m. 24 StVG).

Mögliche Ordnungswidrigkeiten

In Bezug auf die Händlerkennzeichen kommen die folgenden Verstöße in Betracht: Wird das nicht zugelassene Fahrzeug zu anderen als zu Prüfungs-, Probe- oder Überführungsfahrten genutzt, liegt ein Fahren ohne Zulassung i. S. d. §§ 3 Abs. 1 FZV i. V. m. 48 Nr. 1a FZV i. V. m. 24 StVG vor. Das Nichtmitführen oder Nichtaushändigen des Fahrzeugscheinhefts ist gemäß §§ 16 Abs. 2 S. 4 FZV i. V. m. 48 Nr. 5 FZV i. V. m. 24 StVG und das Nichtausfüllen des Fahrzeugscheinhefts nach §§ 16 Abs. 2 S. 3 i. V. m. 48 Nr. 15 FZV sowie das Nichtfertigen bzw. Nichtaufbewahren des Fahrtennachweises nach §§ 16 Abs. 2 S. 5, 6 FZV i. V. m. 48 Nr. 17, 6 FZV i. V. m. 24 StVG eine Ordnungswidrigkeit.

Darüber hinaus ist die Halterverantwortlichkeit nach § 16 Abs. 5 S. 4 FZV i. V. m. 48 Nr. 2 FZV i. V. m. 24 StVG zu beachten.

Übung

Welche Verstöße können dem Fahrzeughalter konkret vorgeworfen werden?

Antwort

Ordnungswidriges Verhalten des Fahrzeughalters ist dann anzunehmen, wenn dieser anordnet oder zulässt, dass an seinem Fahrzeug ein Kennzeichen entgegen den Regelungen des § 10 FZV angebracht und ausgestaltet ist.

4.3.3 Rote 05-Kennzeichen (Prüferkennzeichen)

Prüferkennzeichen

Wesentlich übersichtlicher sind die Regelungen aus § 16 Abs. 3 FZV zu Kennzeichen, die technischen Prüfstellen und amtlich anerkannten Kfz-Überwachungsorganisationen zugeteilt werden können. Optisch ähneln diese Kennzeichen sehr stark den Händlerkennzeichen, wobei jedoch die Erkennungsnummer nicht mit einer 06, sondern mit einer 05 beginnt. Auch die Prüferkennzeichen sind in roter Schrift mit rotem Rand ausgeführt.

Anders als bei den Händlerkennzeichen ist weder ein Fahrzeugscheinheft auszufüllen, noch ein Fahrtennachweis zu führen. Daher beschränken sich die Ausführungen zu diesen Kennzeichen in zulassungsrechtlichen Klausuren auf die Nennung der gesetzlichen Fundstelle und die Erörterung, dass das Kennzeichen durch die zuvor genannten Organisationen genutzt wird.

Anbringung der Kennzeichen

In Bezug auf die Anbringung der Prüferkennzeichen sei auf die Ausführungen zu den Händlerkennzeichen verwiesen. Demnach ist grundsätzlich § 10 FZV zu beachten – wobei auch hier eine feste Anbringung der Kennzeichen nicht zwingend nötig ist.

4.3.4 Rote 07-Kennzeichen (Oldtimer-Veranstaltungen)

Rote Oldtimerkennzeichen können gemäß § 17 Abs. 1 FZV an nicht zugelassenen Oldtimern verwendet werden, sofern diese an Veranstaltungen (inklusive An- und Abfahrt) teilnehmen, die der Darstellung des kraftfahrzeugtechnischen Kulturgutes dienen. Darüber hinaus werden gemäß § 17 Abs. 1 S. 2 FZV auch Probe- und Überführungsfahrten sowie Wartungs- und Reparaturzwecke erfasst. Verstöße hiergegen sind gemäß §§ 17 Abs. 2 S. 4 FZV i. V. m. 48 Nr. 1b FZV i. V. m. 24 StVG ordnungswidrig. Beschriftung und Umrandung dieser Kennzeichen sind wie bei den Händler- und Prüferkennzeichen rot.

Fahrzeugscheinheft für 07-Kennzeichen

Fahrzeugscheinheft
für Oldtimerfahrzeuge mit roten Kennzeichen nach
§ 17 FZV

Das vorstehende Kennzeichen ist

Vorname, Name, Firma

Straße und Hausnummer

Postleitzahl, Wohnort/Firmensitz

für die in der Auflistung beschriebenen __ Fahrzeuge zu den in den nachfolgenden Hinweisen genannten Zwecken zugeteilt worden.

Ort, Datum

Name der Zulassungsbehörde

Unterschrift

Seiten 2 ff.

lfd Nr.	Fahrzeugklasse	Fahrzeug-hersteller	FIN	Hubraum	Erst-zulassung	Zul. Gesamtmasse in kg	Zul. max. Achslast in kg			max. km/h
							Vorne	Mitte	Hinten	

Quelle: Anlage zur Fahrzeugzulassungsverordnung

Dabei ist zu beachten, dass das jeweilige Fahrzeug in das Fahrzeugscheinheft (Anlage 10a zur FZV) eingetragen worden ist. Wird das Fahrzeugscheinheft nicht mitgeführt bzw. ausgehändigt, liegt eine Ordnungswidrigkeit gemäß §§ 17 Abs. 2 S. 1 FZV i. V. m. 16 Abs. 2 S. 4 FZV i. V. m. 48 Nr. 5 FZV i. V. m. 24 StVG vor.

In Hinblick auf die Anbringung der Kennzeichen gilt § 10 Abs. 12 FZV.

4.3.5 03/04-Kennzeichen (Kurzzeitkennzeichen)

Kurzzeitkennzeichen mit Ablaufdatum im gelben Feld am rechten Rand

Quelle: VDP Buchvertrieb

Erkennungsnummer beginnt mit 03 oder 04

Nach § 16 Abs. 1 FZV darf ein zulassungspflichtiges, aber nicht zugelassenes Fahrzeug zu Probe- oder Überführungsfahrten in Betrieb gesetzt werden, wenn

a) für das Fahrzeug eine Betriebserlaubnis vorliegt,
b) der Nachweis über die Hauptuntersuchung („TÜV“) vorliegt,
c) eine Haftpflichtversicherung besteht,
d) ein Kurzzeitkennzeichen am Fahrzeug angebracht ist, wobei nach § 16a Abs. 3 S. 2 FZV eine feste Anbringung nicht erforderlich ist.

Verwendungseinschränkungen, sofern BE oder HU nicht vorhanden

Sofern die Voraussetzungen aus a) oder b) nicht vorliegen, greifen die Regelungen des § 16a Abs. 6 und 7 FZV. Das bedeutet, dass mit diesem Fahrzeug dann nur diejenigen Fahrten durchgeführt werden dürfen, die in einem **unmittelbaren** Zusammenhang mit der Erteilung einer neuen Betriebserlaubnis bzw. nur Fahrten zu einer entsprechenden Untersuchungsstelle (bei erkannten Mängeln durch die Untersuchungsstelle auch zur Reparatur derselben) erlaubt. Diese Beschränkungen nach den Absätzen 6 und 7 werden, wenn sie denn einschlägig sind, im Fahrzeugschein für Kurzzeitkennzeichen vermerkt.

Der Fahrzeugschein für Kurzzeitkennzeichen wird durch die Zulassungsbehörde bei Erteilung der Kurzzeitkennzeichen ausgefüllt. Dies setzt voraus, dass der Antragsteller die erforderlichen Angaben schon bei Erteilung der Kennzeichen macht. Die Kurzzeitkennzeichen dürfen dann ausschließlich für dieses Fahrzeug verwendet werden.

Mitführ- und Aushändigungspflicht

Der Fahrzeugschein ist gemäß § 16a Abs. 5 S. 3 FZV mitzuführen und zuständigen Personen auf Verlangen auszuhändigen.

Fahrzeugschein für Kurzzeitkennzeichen

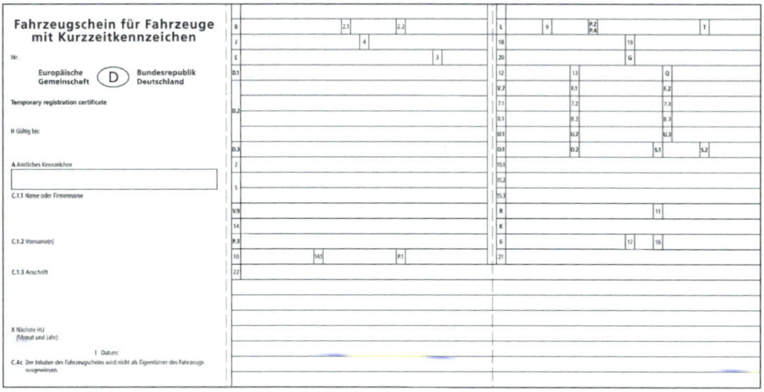

Quelle: Anlage zur Fahrzeugzulassungsverordnung

Das am rechten Rand der Kurzzeitkennzeichen im gelben Feld erkennbare Ablaufdatum liegt maximal fünf Tage nach Erteilung der Kennzeichen.

Aufgrund des erheblichen Missbrauchs in der Vergangenheit ist die Nutzung von Kurzzeitkennzeichen sehr streng reglementiert. Ordnungswidrig ist die zweckfremde Nutzung der Kurzzeitkennzeichen entgegen § 3 Abs. 1 FZV i. V. m. § 48 FZV i. V. m. § 24 StVG. Eine alternative Ahndung könnte weiter gemäß § 16a Abs. 1, 6 und 7 FZV i. V. m. §§ 48 Nr. 18a FZV i. V. m. 24 StVG infrage kommen.

Darüber hinaus ist die fehlerhafte Anbringung der Kennzeichen nach §§ 16a Abs. 3 S. 4 FZV i. V. m. 10 Abs. 12 FZV i. V. m. 48 Nr. 1b FZV i. V. m. 24 StVG und die Inbetriebnahme des Fahrzeugs nach Ablauf der Gültigkeit gemäß §§ 16a Abs. 4 S. 3 FZV i. V. m. 48 Nr. 1c FZV i. V. m. 24 StVG ordnungswidrig.

Die Verantwortlichkeit des Fahrzeughalters richtet sich in diesen Fällen nach §§ 16a Abs. 3 S. 5/16a Abs. 4 S. 4 FZV i. V. m. 48 Nr. 2 FZV i. V. m. 24 StVG.

Das Nichtmitführen/Nichtaushändigen des Fahrzeugscheins für Kurzzeitkennzeichen kann über §§ 16a Abs. 5 S. 3 FZV i. V. m. 48 Nr. 5 FZV i. V. m. 24 StVG geahndet werden.

4.3.6 Ausfuhrkennzeichen

Ausfuhrkennzeichen mit dem Ablaufdatum 21. Oktober 2009

Ausfuhrkennzeichen mit dem Ablaufdatum 21. Oktober 2009

Quelle: Anlage zur Fahrzeugzulassungsverordnung

Das in § 19 FZV geregelte Ausfuhrkennzeichen ist im öffentlichen Verkehrsraum nur noch selten anzutreffen und spielt in den zulassungsrechtlichen Klausuren eine nur untergeordnete Rolle. Auch wenn das betreffende Fahrzeug nicht zugelassen wird, ist gemäß § 19 Abs. 1 Nr. 1 FZV dennoch eine Haftpflichtversicherung und eine noch mindestens ein Jahr gültige Hauptuntersuchung („TÜV") vorzuweisen. Gemäß § 19 Abs. 1 Nr. 2 FZV muss das Fahrzeug nach spätestens einem Jahr das deutsche Hoheitsgebiet verlassen. Das Ablaufdatum ist am rechten Rand mit roter Farbe hinterlegt. Die früher bestehenden Privilegierungen in Hinblick auf den technischen Zustand und die Besteuerung wurden 2007 bzw. 2010 aufgehoben. Seit dieser Zeit unterliegt das Fahrzeug der regulären Steuerpflicht (vgl. auch § 5 Abs. 1 Nr. 4 KraftStG).

Mitführ- und Aushändigungspflicht ZB I

Die Zulassungsbescheinigung I ist gemäß § 19 Abs. 3 mitzuführen und zuständigen Personen auf Verlangen auszuhändigen.

4.3.7 Rote Versicherungskennzeichen

Quelle: privat

Rote Versicherungskennzeichen gemäß § 28 FZV gleichen den hier abgebildeten „normalen" Versicherungskennzeichen im Sinne der §§ 26 Abs. 2, 27 Abs. 1, 2 FVZ. Der Unterschied liegt darin, dass sowohl die Umrandung als auch die Zahlen und Buchstaben in roter Schrift abgefasst sind. Außerdem beginnt die Buchstabenkombination immer mit **dem Buchstaben Z**. Darin unterscheiden sie sich von den normalen Kennzeichen, die in den sich wiederholenden Farbkombinationen blau, grün und schwarz ausgegeben werden. Gemäß § 28 Abs. 1 FZV dürfen Fahrzeuge, die mit diesen Kennzeichen ausgerüstet werden, nur zu Prüfungs-, Probe- und Überführungsfahrten verwendet werden. Vergleichen Sie dazu, falls erforderlich, die Ausführungen unter Gliederungspunkt 4.3.1. Ordnungswidrig im Sinne der §§ 28 S. 5 FZV i. V. m. 27 Abs. 7 FZV i. V. m. 48 Nr. 1d FZV i. V. m. 24 StVG handelt, wer das Fahrzeug ohne das Versicherungskennzeichen in Betrieb setzt.

Klausurhinweis

Denken Sie daran, dass auch das rote Versicherungskennzeichen (wie im Übrigen die anderen roten Kennzeichen auch) nicht fest am Fahrzeug angebracht werden müssen, sodass auch eine Befestigung mit Riemen, Magneten oder Gummis in Betracht kommt.

5 Kraftfahrzeugsteuer

Die steuerrechtlichen Erläuterungen in der Klausurbearbeitung erfolgten insbesondere in Hinblick auf die beiden Fragen, ob einerseits überhaupt eine Steuerpflicht besteht und andererseits, ob steuerrechtliche Verstöße nach §§ 370, 378 der Abgabenordnung (AO) vorliegen können. Für die Klausurbearbeitung sind regelmäßig die §§ 1 und 3 Kraftfahrzeugsteuergesetz (KraftStG), 116, 370, 378 AO von Bedeutung. Das KraftStG legt in § 1 den sogenannten Steuergegenstand fest. In Hinblick auf die Bearbeitung zulassungsrechtlicher Klausuren im Hauptstudium 1 sind § 1 Abs. 1 Nr. 1, 3, 4 KraftStG von Relevanz, da sich hieraus die verkehrsrechtliche Steuerpflicht ergibt. Demnach ist steuerpflichtig:

- das Halten von im Inland zugelassenen Fahrzeugen (§ 3 Abs. 1 FZV)
- die widerrechtliche Nutzung von Fahrzeugen
- die Nutzung von Oldtimerkennzeichen (§ 9 Abs. 1 FZV)
- die Nutzung von Kennzeichen gemäß §§ 16 Abs. 2 (Händlerkennzeichen) und 17 FZV (rote Oldtimerkennzeichen).

Definition

Der Begriff der „widerrechtlichen Benutzung“ (§ 1 Abs. 1 Nr. 3 KraftStG) wird in § 2 Abs. 5 KraftStG als die Benutzung eines Fahrzeugs ohne die (nach § 3 Abs. 1 FZV) vorgeschriebene Zulassung legal definiert.

Definition

Merken Sie sich, dass nur in den Fällen des § 1 Abs. 1 Nr. 1, 3, 4 KraftStG ein steuerrechtlicher Verstoß in Betracht kommen kann. In allen anderen Fällen genügt der Hinweis, dass eine Steuerpflicht nicht besteht (beispielsweise nach § 3 Nr. 1 KraftStG für zulassungsfreie Fahrzeuge).

Ein steuerrechtlich relevanter Verstoß nach §§ 370, 378 AO (beide Normen unterscheiden sich lediglich im subjektiven Tatbestand) kann dann bestehen, wenn der in der Klausur beschriebene Sachverhalt eine Steuerpflicht begründet (§ 1 KraftStG), tatsächlich aber keine Steuern gezahlt werden – was insbesondere bei der widerrechtlichen Benutzung eines Fahrzeugs der Fall sein wird. In diesen Fällen lässt der Steuerschuldner (§ 7 KraftStG) die Finanzbehörden (zuständige Finanzbehörden sind die Hauptzollämter) pflichtwidrig über steuerlich erhebliche Tatsachen in Unkenntnis (§ 370 Abs. 1 Nr. 2 AO). Indes kann pflichtwidriges Handeln i. S. d. § 370 Abs. 1 Nr. 2 AO nur dann vorliegen, wenn eine Steuererklärungspflicht des Steuerschuldners besteht. Eine solche Steuererklärungspflicht besteht nach der Kraftfahrzeugsteuerdurchführungsverordnung (KraftStDV) nach § 3 Abs. 1 für den Fahrzeughalter und im Fall der widerrechtlichen Benutzung (§ 2 Abs. 5 KraftStG) nach § 15 Abs. 1 KraftStDV für den Fahrzeugnutzer.

Klausurhinweis

Eine widerrechtliche Benutzung im Sinne des § 2 Abs. 5 KraftStG (und damit einhergehend der Anfangsverdacht einer Straftat/Ordnungswidrigkeit nach §§ 370, 378 AO) ist indes nur gegeben, wenn eine Zulassung tatsächlich nicht besteht. Wird ein Saisonkennzeichen nach § 9 Abs. 3 FZV außerhalb der Saison oder ein Wechselkennzeichen nach § 8 Abs. 1a FZV unvollständig geführt, handelt es sich gerade **nicht** um eine widerrechtliche Benutzung. Vergegenwärtigen Sie sich dazu, dass eine widerrechtliche Benutzung definiert wird, als das Führen eines Fahrzeugs ohne vorgeschriebene Zulassung. Die Zulassung erfolgt nach § 3 Abs. 1 S. 3 FZV durch Zuteilung von Kennzeichen, Abstempelung („Siegelung“) und Ausfertigung einer Zulassungsbescheinigung. Weil sowohl Fahrzeuge mit Saisonkennzeichen als auch Fahrzeuge mit Wechselkennzeichen in diesem Sinne zugelassen sind, liegt eine widerrechtliche Benutzung definitorisch nicht vor.

Klausurhinweis

Im Rahmen der Klausurbearbeitung sollte (mit einem Halbsatz) auf die gesetzliche Mitteilungspflicht bei Verdacht auf Steuerstraftaten gemäß § 116 AO hingewiesen werden.

Sofern keine Verstöße in Betracht kommen, kann die folgende Formulierungshilfe verwendet werden:

Formulierungshilfe
„kein Steuerverstoß“

Gemäß § 1 KraftStG unterliegt das Halten von inländischen Fahrzeugen zum Verkehr auf öffentlichen Straßen der Kraftfahrzeugsteuer, wenn nicht eine Ausnahme aus § 3 KraftStG in Betracht kommt. Vorliegend ist aber keine der genannten Ausnahmen einschlägig. Hier kann von der Entrichtung der Steuerverbindlichkeiten ausgegangen werden, sodass auch keine steuerrechtlichen Verstöße erkennbar sind.

Steuerrechtliche Verstöße können sachverhaltsbezogen folgendermaßen formuliert werden:

Formulierungshilfe
„Steuerverstoß“

Gemäß § 1 KraftStG unterliegt das Halten von inländischen Fahrzeugen zum Verkehr auf öffentlichen Straßen der Kraftfahrzeugsteuer, wenn nicht eine Ausnahme aus § 3 KraftStG in Betracht kommt. Vorliegend ist aber keine der genannten Ausnahmen einschlägig. Weil das Fahrzeug jedoch ohne Zulassung im Sinne des § 3 Abs. 1 FZV geführt wird, liegt eine widerrechtliche Benutzung im Sinne des § 2 Abs. 5 KraftStG vor. Aufgrund der bestehenden Steuererklärungspflicht aus § 15 Abs. 1 KraftStDV kommt vorliegend eine Straftat/Ordnungswidrigkeit nach §§ 370, 378 AO in Betracht. Auf die Meldeverpflichtung aus § 116 AO sei hingewiesen.

6 Pflichtversicherung

In Hinblick auf die Pflichtversicherung werden in Prüfungen regelmäßig Ausführungen dazu verlangt, ob das Fahrzeug der Versicherungspflicht unterliegt (§ 1 Pflichtversicherungsgesetz – PflVG), oder ob im Einzelfall eine Ausnahme (§ 2 PflVG) in Betracht kommt. Diese Ausführungen folgen auf die Frage, ob der Anfangsverdacht einer Straftat nach § 6 PflVG in Betracht kommt.

Gemäß § 1 PflVG ist der Halter eines Kraftfahrzeugs oder eines Anhängers dazu verpflichtet, einen Haftpflichtversicherungsvertrag abzuschließen und aufrechtzuerhalten, wenn das Fahrzeug im öffentlichen Verkehrsraum verwendet wird. Grundsätzlich besteht die Versicherungspflicht, wenn das betreffende Fahrzeug zugelassen ist. Auf eine Verwendungsabsicht kommt es dagegen nicht an. Damit ist festzustellen, dass grundsätzlich jedes Kraftfahrzeug und jeder Kraftfahrzeuganhänger der Versicherungspflicht nach § 1 PflVG unterliegen, wenn nicht eine Ausnahme nach § 2 PflVG in Betracht kommt. Prüfungsrechtlich relevant sind insbesondere die Ausnahmen nach § 2 Abs. 1 Nr. 6 PflVG. Demnach müssen Kraftfahrzeuge mit einer bbH von nicht mehr als 6 km/h, selbstfahrende Arbeitsmaschinen (§ 2 Nr. 17 FZV) und Stapler (§ 2 Nr. 18 FZV) sowie die nach § 3 Abs. 2 S. 1 Nr. 2 FZV zulassungsfreien Anhänger nicht versichert werden.

Nach § 6 PflVG macht sich strafbar, wer ein versicherungspflichtiges (§ 1 PflVG) Fahrzeug gebraucht oder den Gebrauch gestattet, obwohl ein gültiger Versicherungsvertrag nicht besteht und eine Ausnahme nach § 2 PflVG nicht einschlägig ist. Relevant ist lediglich, ob ein gültiger Versicherungsvertrag besteht oder nicht. Nur ohne gültigen Vertrag kommt eine Strafbarkeit in Betracht.

Sie können sich in den Klausuren an der folgenden Formulierungshilfe orientieren:

Formulierungshilfe

Gemäß § 1 PflVG ist der Halter eines Kfz verpflichtet, eine Haftpflichtversicherung abzuschließen und aufrechtzuerhalten, wenn das Fahrzeug im öffentlichen Verkehrsraum verwendet wird. Dies gilt zumindest dann, wenn keine Ausnahme nach § 2 PflVG in Betracht kommt. Für das vorliegende Fahrzeug kommt indes keine der in § 2 PflVG genannten Ausnahmen in Betracht/Vorliegend ist das Fahrzeug unter die Ausnahme aus § 2 Nr. X PflVG zu subsumieren.

Klausurhinweis

Beachten Sie, dass die Versicherungspflicht (§ 1 PflVG) schon dann besteht, wenn das betreffende Fahrzeug im öffentlichen Verkehrsraum verwendet wird, was eine konkrete Nutzung – „Fahren" – nicht voraussetzt. Die Strafbarkeit nach § 6 PflVG ist jedoch einschränkend nur dann gegeben, wenn das betreffende Fahrzeug (Kraftfahrzeug oder Anhänger) **gebraucht**, also tatsächlich **geführt** wird.

Klausurhinweis

Beachten Sie ferner, dass die Strafbarkeit nach § 6 PflVG sowohl den Fahrzeugführer („gebraucht") als auch den Fahrzeughalter („Gebrauch gestattet") trifft.

In Bezug auf die Strafbarkeit ist ausschließlich das Bestehen eines gültigen Versicherungsvertrags für die Frage der Strafbarkeit relevant. Wenn also ein gültiger Versicherungsvertrag besteht, entfällt die Strafbarkeit. Bloße Obliegenheitsverletzungen (also die Verletzung vertraglicher Pflichten aus dem Versicherungsvertrag) wie beispielsweise die technische Veränderung des Fahrzeugs, Verschleiß, Trunkenheit können die Strafbarkeit nach § 6 PflVG **nicht** begründen.

Klausurhinweis

Einen in zulassungsrechtlichen Klausuren häufig anzutreffenden Sonderfall stellen die Saisonkennzeichen nach § 9 Abs. 3 FZV, die außerhalb des Saisonzeitraums geführt werden, dar. Aus versicherungsrechtlicher Sicht liegt im Fall **keine** Strafbarkeit vor, da der Versicherungsvertrag für Saisonkennzeichen auch außerhalb der Saison als sogenannte Ruheversicherung fortbesteht und – wie zuvor ausgeführt – ein gültiger Versicherungsvertrag eine Strafbarkeit nach § 6 PflVG ausschließt.

Strafbarkeit bei abgelaufenem Versicherungskennzeichen

Indes liegt eine Strafbarkeit nach § 6 PflVG nahe, wenn ein Fahrzeug, das gemäß § 4 Abs. 3 FZV mit Versicherungskennzeichen ausgestattet sein muss, ohne oder mit abgelaufenen Versicherungskennzeichen geführt wird. Weil der Versicherungsvertrag im Fall der Versicherungskennzeichen nach Ablauf des Verkehrsjahres (1. März bis Ende Februar des Folgejahres) automatisch endet, machen sich Fahrzeugführer und Fahrzeughalter strafbar, wenn das Fahrzeug ohne (neuen) Versicherungsvertrag geführt wird. Diese Ausführungen gelten analog für Elektrokleinstfahrzeuge, die gemäß § 2 Abs. 1 Nr. 2 eKFV mit Versicherungsplaketten (§ 29a FZV) ausgerüstet sein müssen.

7 Prüfung festgestellter Verstöße

Die im Rahmen der bis hierher erfolgten zulassungsrechtlichen Bearbeitung festgestellten Verstöße werden an diesem Punkt im juristischen Gutachtenstil abschließend geprüft. Ob alle erkannten Verstöße in einer Prüfung abgearbeitet werden dürfen oder für jeden einzelnen Verstoß eine gesonderte Prüfung erfolgen muss, sollten Sie in jedem Fall mit Ihrem Dozierenden absprechen.

Generell gilt, dass bereits in der Hypothese dazu die sogenannten Paragraphenketten gebildet werden müssen.

Da der Aufbau und die Herleitung dieser Paragraphenketten bisweilen Schwierigkeiten bereiten, soll der Aufbau an dieser Stelle kurz erläutert werden.

Aufbau von Paragraphenketten

Generell bestehen die verkehrsrechtlichen Paragraphenketten aus drei einzelnen Elementen: Zunächst wird die einzelne Gebots-/Verbotsnorm genau bezeichnet (beispielsweise § 3 Abs. 1 S. 1 FZV bei Verstoß gegen die Zulassungspflicht). Anschließend muss im sogenannten Ahndungsparagraphen (es handelt sich dabei immer um die Norm, die mit dem Begriff „Ordnungswidrigkeiten“ überschrieben ist) geprüft werden, ob und wenn ja, an welcher Stelle die Gebots-/Verbotsnorm genannt wird (in der FZV ist § 48 FZV der „Ahndungsparagraph"; der Verstoß gegen § 3 Abs. 1 S. 1 FZV ist in § 48 Nr. 1a FZV genannt). Abschließend muss der § 24 StVG in die Paragraphenkette eingefügt werden. Das liegt daran, dass – stark vereinfacht ausgedrückt – nach dem staatsrechtlichen Grundsatz des Vorbehalts des Gesetzes jeder Grundrechtseingriff auf ein (formelles) Gesetz zurückgeführt werden muss („einfacher Gesetzesvorbehalt") und eine Verordnung allein nicht ausreicht.

Beispiel Paragraphenkette

Für den Fall des Fahrens ohne Zulassung ergibt sich damit die folgende Paragraphenkette:

§§ 3 Abs. 1 S. 1 FZV i. V. m. 48 Nr. 1a FZV i. V. m. 24 StVG

Klausurhinweis

Mitunter fällt es den Studierenden schwer, die einzelne Gebots-/Verbotsnorm, also das erste Element der Paragraphenkette, genau zu bestimmen, was gerade bei „unübersichtlichen" Paragraphen der Fall sein dürfte (beispielsweise in § 10 FZV). In solchen Fällen mag es hilfreich sein, zunächst in den Ahndungsparagraphen zu schauen, welcher Verstoß einschlägig sein könnte, um anschließend in der dort genannten Norm zu überprüfen, auf wen der zu prüfende Sachverhalt zutrifft.

Beispiel

Beispielsweise stellt § 10 FZV in den einzelnen Absätzen eine Vielzahl an Geboten und Verboten auf, ohne dass jeder einzelne Absatz (geschweige denn Satz) im § 48 FZV aufzufinden wäre. Schaut man aber zunächst in den § 48 FZV, so stellt man fest, dass lediglich in den Nummern 1a, 1b (jeweils § 10 Abs. 12 S. 1), 2 (betrifft nur den Fahrzeughalter) und 9b (§ 10 Abs. 11 S. 3 FZV) der § 10 FZV aufgeführt wird. Schaut man nun in den § 10 FZV, stellt man sehr schnell fest, dass sich § 10 Abs. 11 S. 3 FZV auf (in Klausuren eher nicht anzutreffende) diplomatische Bezeichnungen bezieht und daher bezogen auf den Fahrzeugführer nur § 10 Abs. 12 S. 1 FZV als Verbotsnorm in Betracht kommen kann.

Beispiel Paragraphenkette

Der Aufbau der Paragraphenkette erfolgt – hier bezogen auf ein verschmutztes Kennzeichen – wie zuvor erläutert:

§§ 10 Abs. 2 S. 1 FZV i. V. m. 48 Nr. 1a FZV i. V. m. 24 StVG

Sonderfall Halterverstoß

Eine weitere Problemstellung besteht darin, dass zulassungsrechtliche Verstöße sowohl von Fahrzeugführenden als auch von Fahrzeughaltenden begangen werden können.

Definition

Fahrzeugführer ist, wer selbst unter bestimmungsgemäßer Anwendung der Antriebskraft, unter Ausnutzung der Schwerkraft auf einer Gefällstrecke oder unter Ausnutzung des vorhandenen Schwunges ein Fahrzeug in Bewegung setzt oder hält, um es unter Handhabung seiner technischen Vorrichtungen während der Fortbewegung ganz oder wenigstens zum Teil zu leiten. Dabei muss der Wille zum Führen vorhanden sein.

Definition

Vom Begriff des Fahrzeugführers muss der Begriff des Fahrzeughalters getrennt werden. **Fahrzeughalter** ist, wer das betreffende Fahrzeug auf eigene Rechnung in Gebrauch hat und Verfügungsgewalt darüber besitzt. Die Verfügungsgewalt zeichnet sich dadurch aus, dass die betreffende Person regelmäßig Anlass, Ziel und Zweck der Fahrt selbstständig bestimmen kann. Die Eigenschaft als Fahrzeughalter setzt weder das Eigentum am betreffenden Fahrzeug noch die Eintragung in der Zulassungsbescheinigung I voraus.

Klausurhinweis

Im Rahmen der zulassungsrechtlichen Klausurbearbeitung wird der Begriff des Fahrzeughalters indes regelmäßig gerade **nicht** anhand dieser Kriterien bestimmt. Im Rahmen der Klausurbearbeitung ist vielmehr diejenige Person als Fahrzeughalter anzusehen, die in den abgedruckten Fahrzeugdokumenten (beispielsweise der Zulassungsbescheinigung I) als Fahrzeughalter aufgeführt ist.

Erkennen von Halterverstößen

Weicht nun der Fahrzeughalter laut den abgedruckten Fahrzeugdokumenten vom Fahrzeugführer ab, so muss im Einzelfall geprüft werden, ob neben den erkannten Verstößen des Fahrzeugführers auch Verstöße des Fahrzeughalters in Entsprechung der bisherigen Ausführungen zu erörtern sind. Hier stellt sich häufig das Problem, dass die Studierenden nicht exakt zuordnen können, welche Verstöße separat als Halterverstöße zu prüfen sind. Gewissermaßen als Faustformel bietet sich in diesem Fall ein Blick in den Ahndungsparagraphen (§ 48 FZV) an: In § 48 Nr. 2 FZV sind diejenigen Verstöße genannt, die vom jeweiligen Fahrzeughalter begangen werden können („... anordnet oder zulässt"). Sofern Sie also im Rahmen der zulassungsrechtlichen Prüfung einen dort aufgeführten Verstoß erkannt haben, sollten Sie in jedem Fall nochmals in die abgedruckten Fahrzeugdokumente schauen, ob die Person des Fahrzeughalters mit derjenigen des Fahrzeugführers identisch ist.

Ergebnis

Mit diesem Gliederungspunkt endet die zulassungsrechtliche Prüfung Ihrer Klausur. Hier stellen Sie abschließend fest, dass das betreffende Fahrzeug ordnungsgemäß zugelassen ist (wenn keine zulassungsrechtlichen Verstöße erkannt werden), oder Sie stellen die erkannten Verstöße in Form von Paragraphenketten dar.

Formulierungsvorschlag

Damit ist festzustellen, dass das zu prüfende Fahrzeug ordnungsgemäß zugelassen ist.

Im Ergebnis ist festzustellen, dass das Fahrzeug der/des X [Name der im Sachverhalt genannten Person] *zwar zugelassen ist. Allerdings hat Sie/er sich durch das Nichtmitführen der ZB I gemäß §§ 11 Abs. 6 FZV i. V. m. 48 Nr. 5 FZV i. V. m. 24 StVG ordnungswidrig verhalten.*

8 Übungsklausur zulassungspflichtiges Kraftfahrzeug

Übungsklausur

Am heutigen Tag halten Sie einen Pkw Daimler-Benz an, der die B1 in Fahrtrichtung Lünen befährt. Am Kraftfahrzeug sind die amtlichen Kennzeichen ST - KT2205 ordnungsgemäß angebracht. Auf Nachfrage teilt Ihnen der Fahrzeugführer F. mit, dass er seine Zulassungsbescheinigung I vergessen habe. Er werde aber seine Ehefrau anrufen, die die Zulassungsbescheinigung vorbeibringen werde (hier abgebildet).

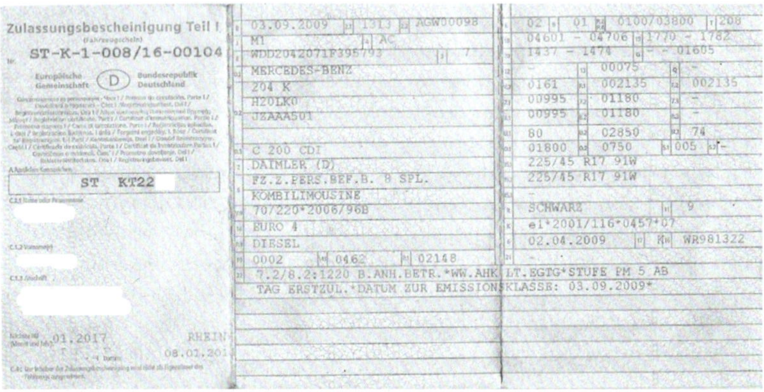
Zulassungsbescheinigung Teil I
(Fahrzeugschein)
ST-K-1-008/16-00104
Europäische Gemeinschaft (D) Bundesrepublik Deutschland
ST KT22
01.2017
RHEIN
08.01.201
03.09.2009 | 1313 | AGW00098
M1 | AC
WDD2042071F395793 | 7
MERCEDES-BENZ
204 K
H20LK0
JZAAA501
C 200 CDI
DAIMLER (D)
FZ.Z.PERS.BEF.B. 8 SPL.
KOMBILIMOUSINE
70/220*2006/96B
EURO 4
DIESEL
0002 | 0462 | 02148
02 | 01 | 0100/03800 | 208
04601 - 04706 | 1770 - 1782
1437 - 1474 | - - 01605
- | 00075 | -
0161 | 002135 | 002135
00995 | 01180 | -
00995 | 01180 | -
80 | 02850 | 74
01800 | 0750 | 005 | -
225/45 R17 91W
225/45 R17 91W
-
SCHWARZ | 9
e1*2001/116*0457*07
02.04.2009 | WR981322
7.2/8.2:1220 B.ANH.BETR.*WW.AHK LT.EGTG*STUFE PM 5 AB
TAG ERSTZUL.*DATUM ZUR EMISSIONSKLASSE: 03.09.2009*

Quelle: privat

Aufgabe:

Prüfen Sie, ob das Kraftfahrzeug des F. ordnungsgemäß zugelassen ist.

Bearbeitungshinweis:

Von einem kraftfahrzeugführenden Verkehrsteilnehmer im öffentlichen Verkehrsraum kann vorliegend ausgegangen werden.

Klausurlösung

Gemäß § 1 Abs. 1 StVG müssen Kraftfahrzeuge und ihre Anhänger, die im öffentlichen Verkehrsraum (öVR) in Betrieb gesetzt werden sollen, von der zuständigen Behörde zum Verkehr zugelassen werden. Nach den vorliegenden Bearbeitungshinweisen kann indes vom Vorliegen dieser Voraussetzungen ausgegangen werden.

Zum Verkehr auf öffentlichen Straßen sind gemäß § 16 I StVZO alle Fahrzeuge zugelassen, die den Vorschriften der StVZO und der StVO entsprechen, sofern nicht für die Zulassung einzelner Fahrzeugarten ein Erlaubnisverfahren vorgeschrieben ist. Dieses könnte sich vorliegend aus der FZV, insbesondere aus den §§ 1, 3, 4 FZV ergeben.

Gemäß § 1 FZV ist diese Verordnung auf Kfz mit einer bbH ≤ 6 km/h und ihre Anhänger nicht anzuwenden. Laut Zulassungsbescheinigung I weist das Fahrzeug eine bbH von 208 km/h aus. Es liegt daher keine Ausnahme nach § 1 Abs. 1 FZV vor.

Da das zu prüfende Fahrzeug erkennbar unter keine der in § 3 Abs. 2 FZV genannten Ausnahmen zu subsumieren ist, unterliegt es der Zulassungspflicht gemäß § 3 Abs. 1 FZV. Die Zulassung erfolgt durch Zuteilung amtlicher Kennzeichen, Siegelung der Kennzeichen und Ausfertigung der ZB I.

Nun ist zu prüfen, ob und wenn ja, welche Kennzeichen am kontrollierten Fahrzeug angebracht sind. Am betreffenden Fahrzeug ist das „normale" amtliche Kennzeichen gemäß § 8 Abs. 1 FZV angebracht. Verstöße gegen die Ausgestaltungs- und Anbringungsvorschriften sind laut Sachverhalt nicht erkennbar. Auch das Siegel der Zulassungsbehörde ist angebracht.

Gemäß § 11 Abs. 6 FZV ist die ZB I oder das Anhängerverzeichnis mitzuführen und zuständigen Personen auf Verlangen auszuhändigen. Dieser Verpflichtung kommt Fahrzeugführer F. gemäß den Schilderungen im Sachverhalt nicht nach. Vielmehr gibt er an, dass er diese zu Hause vergessen habe.

Darüber hinaus ist zu prüfen, ob das Fahrzeug den Bestimmungen des Pflichtversicherungsgesetzes und des Kraftfahrzeugsteuergesetzes entspricht. Gemäß § 1 PflVG ist der Halter eines Kfz verpflichtet, eine Haftpflichtversicherung abzuschließen und aufrechtzuerhalten, wenn das Fahrzeug im öffentlichen Verkehrsraum verwendet wird. Dies gilt zumindest dann, wenn keine Ausnahme nach § 2 PflVG in Betracht kommt. Für das vorliegende Fahrzeug kommt indes keine der in § 2 PflVG genannten Ausnahmen in Betracht. Weil das Fahrzeug regulär zugelassen ist, darf unterstellt werden, dass für das Fahrzeug ein gültiger Haftpflichtversicherungsvertrag besteht. Gemäß § 1 KraftStG unterliegt das Halten von inländischen Fahrzeugen zum Verkehr auf öffentlichen Straßen der Kraftfahrzeugsteuer, wenn nicht eine Ausnahme aus § 3 KraftStG in Betracht kommt. Vorliegend ist aber keine der genannten Ausnahmen einschlägig. Hier kann von der Entrichtung der Steuerverbindlichkeiten ausgegangen werden, sodass auch keine steuerrechtlichen Verstöße erkennbar sind.

Als Zwischenergebnis ist somit festzuhalten, dass das Fahrzeug zwar regulär zugelassen ist, der Fahrzeugführer F. aber gegen die Mitführ- und Aushändigungspflicht der Zulassungsbescheinigung I aus § 11 Abs. 6 FZV verstoßen hat.

F. könnte sich demzufolge gemäß §§ 11 Abs. 6 FZV i. V. m. 48 Nr. 5 FZV i. V. m. 24 StVG ordnungswidrig verhalten haben.

Dazu müsste er zunächst den objektiven Tatbestand erfüllt haben. Dieser ist gemäß der obigen Prüfung unzweifelhaft gegeben.

Darüber hinaus müsste der F. auch den subjektiven Tatbestand erfüllt haben. Gemäß § 24 StVG kommt sowohl Vorsatz als auch Fahrlässigkeit in Betracht. Vorsatz wird definiert als das Wissen und Wollen zur Tatbestandsverwirklichung. Fahrlässigkeit meint das Außerachtlassen der im Verkehr erforderlichen Sorgfalt. Vorliegend ist dem F. zumindest Fahrlässigkeit zu unterstellen, da er angibt, die Zulassungsbescheinigung I vergessen zu haben. Damit ist auch der subjektive Tatbestand erfüllt.

Die Rechtswidrigkeit und Vorwerfbarkeit werden durch die Tatbestandsmäßigkeit begründet. Da keine Rechtfertigungs- oder Schuldausschließungsgründe erkennbar sind, hat F. auch rechtswidrig und vorwerfbar gehandelt und sich gemäß §§ 11 Abs. 6 FZV i. V. m. 48 Nr. 5 FZV i. V. m. 24 StVG ordnungswidrig verhalten.

Hinweis zur Klausur

Bedenken Sie, dass diese Klausur bewusst einfach gehalten wurde. Diese Klausur soll lediglich demonstrieren, in welcher Form Sie Ihre Erkenntnisse aus diesem Buch in eine Klausurlösung überführen. Sie werden sicherlich bemerkt haben, dass dazu die Formulierungsvorschläge aus den vorangegangenen Kapiteln verwendet wurden. Selbiges gilt für die nun folgende Klausur zu zulassungsfreien Fahrzeugen (Gliederungspunkt 10).

9 Übungsklausur zulassungsfreie Kraftfahrzeuge

Übungsklausur zulassungsfreie Kraftfahrzeuge

Quelle: pixabay.com

Am 31.01.2022 kontrollieren Sie den 16-jährigen J. auf dem abgebildeten Kraftfahrzeug. Im Rahmen der polizeilichen Kontrolle händigt er Ihnen die folgenden „Fahrzeugpapiere" aus. Am Fahrzeug ist ein blaues Versicherungskennzeichen an der Rückseite unterhalb der Beleuchtungseinrichtung angebracht.

Certificate of Conformity:
- Peugeot K1
- Fahrzeugklasse L1e
- einspuriges, zweirädriges Kraftrad
- Verbrennungsmotor Hubraum 49 ccm
- bbH 45 km/h

Versicherungsbescheinigung:
- Gültigkeit vom 01.03.2021 bis 28.02.2022

Aufgabe:
Prüfen Sie den Sachverhalt aus zulassungsrechtlicher Sicht.

Bearbeitungshinweis:
Von einem kraftfahrzeugführenden Verkehrsteilnehmer im öffentlichen Verkehrsraum kann vorliegend ausgegangen werden.

Gehen Sie von der Echtheit der aufgeführten Dokumente aus.

Klausurlösung

Gemäß § 1 Abs. 1 StVG müssen Kraftfahrzeuge und ihre Anhänger, die im öffentlichen Verkehrsraum (öVR) in Betrieb gesetzt werden sollen, von der zuständigen Behörde zum Verkehr zugelassen werden. Nach den vorliegenden Bearbeitungshinweisen kann indes vom Vorliegen dieser Voraussetzungen ausgegangen werden.

Zum Verkehr auf öffentlichen Straßen sind gemäß § 16 I StVZO alle Fahrzeuge zugelassen, die den Vorschriften der StVZO und der StVO entsprechen, sofern nicht für die Zulassung einzelner Fahrzeugarten ein Erlaubnisverfahren vorgeschrieben ist. Dieses könnte sich vorliegend aus der FZV, insbesondere aus den §§ 1, 3, 4 FZV ergeben.

Gemäß § 1 FZV ist diese Verordnung auf Kfz mit einer bbH ≤ 6 km/h und ihre Anhänger nicht anzuwenden. Gemäß der mitgeführten CoC-Bescheinigung (es handelt sich um eine Übereinstimmungsbescheinigung) beträgt die bbH des zu prüfenden Kraftfahrzeugs 45 km/h, sodass keine Ausnahme nach § 1 Abs. 1 FZV gegeben ist.

Grundsätzlich müssen alle Kraftfahrzeuge, die in den Anwendungsbereich der FZV fallen, gemäß § 3 Abs. 1 FZV von der zuständigen Behörde zum Verkehr zugelassen werden. Fraglich ist indes, ob das vorliegende Fahrzeug gemäß § 3 Abs. 2 FZV von den Vorschriften über das Zulassungsverfahren ausgenommen ist. Vorliegend könnte es sich hier um ein nach § 3 Abs. 2 S. 1 Nr. 1d FZV zulassungsfreies Kleinkraftrad handeln. Da die technischen Merkmale unter der Definition des § 2 Nr. 11a FZV subsumiert werden können (vorliegend handelt es sich um ein einspuriges, zweirädriges Kraftfahrzeug mit Verbrennungsmotor und 49 ccm Hubraum und einer bbH von 45 km/h), ist somit festzustellen, dass das zu prüfende Kleinkraftrad gemäß § 3 Abs. 2 S. 1 Nr. 1d FZV zulassungsfrei ist.

Nun ist zu prüfen, ob die Voraussetzungen zur Inbetriebnahme zulassungsfreier Fahrzeuge nach § 4 FZV erfüllt sind.

Gemäß § 4 Abs. 1 FVZ dürfen die dort genannten Fahrzeuge nur dann in Betrieb gesetzt werden, wenn für diese Fahrzeuge eine Betriebserlaubnis erteilt worden ist. In der Anlage zur Klausur ist die Übereinstimmungsbescheinigung des betreffenden Fahrzeugs abgedruckt, sodass die Vorgaben aus § 4 Abs. 1 FZV beachtet worden sind.

Die Regelungen des § 4 Abs. 2 FZV finden auf das in Rede stehende Kleinkraftrad keine Anwendung.

Gemäß § 4 Abs. 3 FZV ist für das vorliegende Fahrzeug ein Versicherungskennzeichen i. S. d. §§ 26f FZV erforderlich. Nach den Angaben im Sachverhalt ist am Fahrzeug ein aktuelles Versicherungskennzeichen für das Versicherungsjahr 2021 in blauer Farbe hinten am Fahrzeug angebracht. Außerdem muss die Bescheinigung über die Haftpflichtversicherung gemäß § 26 Abs. 1 S. 6 FZV mitgeführt und zuständigen Personen auf Verlangen ausgehändigt werden. Auch dieser Verpflichtung kommt der Fahrzeugführer nach.

Die Regelungen des § 4 Abs. 4 FZV finden auf das Kleinkraftrad des J. keine Anwendung.

Gemäß § 4 Abs. 5 FZV ist die Betriebserlaubnis für das betreffende Fahrzeug mitzuführen und zuständigen Personen auf Verlangen auszuhändigen. Auch dieser Verpflichtung kommt der betreffende Fahrzeugführer nach.

Darüber hinaus ist zu prüfen, ob das Fahrzeug den Bestimmungen des Pflichtversicherungsgesetzes und des Kraftfahrzeugsteuergesetzes entspricht. Gemäß § 1 PflVG ist der Halter eines Kfz verpflichtet, eine Haftpflichtversicherung abzuschließen und aufrechtzuerhalten, wenn das Fahrzeug im öffentlichen Verkehrsraum verwendet wird. Dies gilt zumindest dann, wenn keine Ausnahme nach § 2 PflVG in Betracht kommt. Für das vorliegende Fahrzeug kommt indes keine der in § 2 PflVG genannten Ausnahmen in Betracht. Durch die Versicherungsbestätigung kann mit hinreichender Sicherheit nachgewiesen werden, dass ein gültiger Haftpflichtversicherungsvertrag besteht. Gemäß § 1 KraftStG unterliegt das Halten von inländischen Fahrzeugen zum Verkehr auf öffentlichen Straßen der Kraftfahrzeugsteuer, wenn nicht eine Ausnahme aus § 3 KraftStG in Betracht kommt. Da es sich hier um ein nach § 3 Abs. 2 FZV zulassungsfreies Fahrzeug handelt, ist jedoch eine Ausnahme nach § 3 Nr. 1 KraftStG einschlägig.

Im Ergebnis ist festzustellen, dass das Kleinkraftrad des J. regulär zugelassen ist.

10 Kennzeichenmissbrauch nach § 22 StVG

§ 22 StVG stellt Versuche unter Strafe, die Halterfeststellung durch Manipulationen an bzw. im Zusammenhang mit amtlichen Kennzeichen zu erschweren.

Dabei ist zu beachten, dass lediglich solche Kennzeichen erfasst werden, die von den Zulassungsbehörden zugeteilt werden. Dazu gehörten die im Kapitel 4, „Zulassungsrecht“, erörterten Kennzeichen nach §§ 8 bis 9a FZV sowie diejenigen nach §§ 16–19 FZV.

Versicherungskennzeichen werden nicht erfasst

Als wichtige Ausnahme müssen Sie beachten, dass die Versicherungskennzeichen nach §§ 26f. FZV sowie die Versicherungsplakette nach § 29a FZV nicht vom Straftatbestand des § 22 StVG erfasst werden. Sofern in einem durch Sie zu prüfenden Sachverhalt ein solches Versicherungskennzeichen in der Erkennbarkeit beeinträchtigt werden (beispielsweise durch Umknicken), scheidet eine Strafbarkeit nach § 22 StVG aus. Vielmehr kann ein solches Verhalten im Sinne des § 27 FZV ordnungswidrig sein.

Formelle Subsidiarität gegenüber § 267 StGB

Zu beachten ist ferner, dass der Straftatbestand nach § 22 StVG nur dann greift, wenn die Tat nicht nach anderen Normen mit schwererer Strafe bedroht ist, was insbesondere für die Urkundenfälschung nach § 267 StGB gilt.

Prüfungshinweis

Merken Sie sich, dass nicht jede Form der Manipulation an amtlichen Kennzeichen zugleich nach § 267 StGB strafbar ist. Gerade die Fälle des § 22 Abs. 1 Nr. 3 (auch in Verbindung mit Abs. 2) StVG sind regelmäßig nicht nach § 267 StGB strafbar.

Kein Sonderdelikt

Bedenken Sie, dass die Tat kein Sonderdelikt ist, sodass grundsätzlich jeder als tauglicher Täter anzusehen ist. Auch ist im Rahmen des § 22 Abs. 1 StVG (anders aber in Absatz 2) nicht Voraussetzung, dass das betreffende Fahrzeug im öffentlichen Verkehrsraum geführt wird.

§ 22 StVG enthält drei Tatbestandsalternativen in Abs. 1 und eine weitere in Abs. 2.

§ 22 Abs. 1 Nr. 1 StVG

Den objektiven Tatbestand des § 22 Abs. 1 Nr. 1 erfüllt, wer ein Kraftfahrzeug oder einen Kraftfahrzeuganhänger, für die ein amtliches Kennzeichen **nicht** ausgegeben worden ist, mit einem Zeichen versieht, das den Anschein amtlicher Kennzeichen erweckt.

Objektive Tatbestandsmerkmale

Damit sind die folgenden objektiven Tatbestandsmerkmale zu erörtern:

a) Kraftfahrzeug oder Kraftfahrzeuganhänger
b) keine ordnungsgemäße Zuteilung eines eigenen Kennzeichens
c) versehen mit einem verwechslungsfähigen Zeichen

Voraussetzung ist demnach, dass die Zulassungsbehörde dem betreffenden Fahrzeug kein eigenes Kennzeichen (wahlweise nach § 3 Abs. 1 FZV oder auch § 4 Abs. 2 FZV) zugeteilt hat.

Darüber hinaus muss das Fahrzeug mit dem Kennzeichen „versehen“ werden.

Definition „versehen“

Versehen ist im Sinne eines „Anbringens“ zu verstehen. Ein Fahrzeug wird daher mit einem Kennzeichen versehen, wenn zwischen beiden Objekten eine (nicht notwendigerweise feste) Verbindung geschaffen wird. Dies ist beispielsweise schon dann erfüllt, wenn das Kennzeichen hinter der Windschutzscheibe aufgestellt wird.

In Hinblick auf die anzubringenden Kennzeichen kommen sowohl selbst angefertigte Kennzeichen (sofern es sich nicht erkennbar um reine „Fantasiekennzeichen“ handelt), aber auch reguläre amtliche Kennzeichen in Betracht, die ursprünglich für andere Fahrzeuge ausgegeben worden sind.

§ 22 Abs. 1 Nr. 1 StVG

§ 22 Abs. 1 Nr. 2 StVG erfüllt, wer an einem Kraftfahrzeug oder Kraftfahrzeuganhänger, für das die Zulassungsbehörde ein eigenes Kennzeichen ausgegeben hat, mit einem anderen Kennzeichen versieht.

Abgrenzung zu Abs. 1 Nr. 1

Der wesentliche Unterschied zu § 22 Abs. 1 StVG besteht somit darin, dass in der zweiten Alternative das betreffende Fahrzeug ein eigenes Kennzeichen zugeteilt bekommen hat, wohingegen es genau daran in der ersten Alternative fehlt.

Objektive Tatbestandsmerkmale

Im Rahmen des § 22 Abs. 1 Nr. 2 StVG sind somit die folgenden Tatbestandsmerkmale zu erörtern:

a) Kraftfahrzeug oder Kraftfahrzeuganhänger
b) eigenes zugeteiltes Kennzeichen
c) versehen mit einem anderen Kennzeichen

Nach § 22 Abs. 1 Nr. 3 StVG macht sich strafbar, wer das amtlich angebrachte amtliche Kennzeichen verändert, beseitigt oder sonst in der Erkennbarkeit beeinträchtigt. Daher müssen im objektiven Tatbestand die folgenden Elemente geprüft werden:

a) Kraftfahrzeug oder Kraftfahrzeuganhänger
b) eigenes zugeteiltes und angebrachtes Kennzeichen
c) verändern, beseitigen oder in der Erkennbarkeit beeinträchtigen

Definition

Ein Beseitigen erfasst die Aufhebung der Verbindung zwischen dem Fahrzeug und dem zugeteilten Kennzeichen. Ein Beseitigen ist wohl nur beim vollständigen Entfernen im Sinne einer Demontage anzunehmen.

Definition

Ein Verändern meint die Beeinträchtigung des Sinngehaltes, was beispielsweise bei Veränderung der Buchstaben oder Zahlen (durch Bekleben oder Bemalen) anzunehmen ist.

Definition

Die Beeinträchtigung der Erkennbarkeit ist als Oberbegriff für Handlungen zu verstehen, die auf die visuelle Erkennbarkeit des Kennzeichens einwirken. Eine Beeinträchtigung der Erkennbarkeit dürfte gegeben sein, wenn das Kennzeichen teilweise oder vollständig mit „Antiblitzerfolie" überklebt wird oder die Fahrzeugbeleuchtung (während der Fahrt) ausgeschaltet wird.

Prüfungshinweis

Bedenken Sie, dass nur dann der Tatbestand des § 22 Abs. 1 Nr. 3 StVG erfüllt ist, wenn die entsprechende Manipulation stattfindet, nachdem das Kennzeichen am Fahrzeug angebracht wurde. Wird das Kennzeichen vor der Anbringung an das Fahrzeug manipuliert, scheidet schon dem Wortlaut nach („angebracht") eine Strafbarkeit nach § 22 Abs. 1 Nr. 3 StVG aus (nicht aber nach § 267 StGB).

Subjektiver Tatbestand nach Abs. 1

In Bezug auf den subjektiven Tatbestand erfordern alle der Tatbestandsalternativen des Absatzes 1 zumindest bedingten Vorsatz in Hinblick auf die Erfüllung der objektiven Tatbestandsmerkmale. Darüber hinaus muss der Täter in „rechtswidriger Absicht", d. h. mit überschießender Innentendenz gehandelt haben. Den subjektiven Tatbestand erfüllt demnach nur diejenige Person, die im Verkehr in Bezug auf das Fahrzeug und den verantwortlichen Fahrzeughalter falschen Beweis erbringen will.

Objektive Tatbestandsmerkmale

Die vierte Tatbestandsalternative des Kennzeichenmissbrauchs ergibt sich aus § 22 Abs. 2 StVG. Demnach macht sich strafbar, wer ein Fahrzeug im öffentlichen Verkehrsraum gebraucht, obwohl dessen Kennzeichen nach § 22 Abs. 1 Nr. 1–3 StVG manipuliert worden sind. Damit sind hier die folgenden Tatbestandsmerkmale zu prüfen:

a) öffentlicher Verkehrsraum
b) Kraftfahrzeug oder Kraftfahrzeuganhänger
c) manipulierte Kennzeichen im Sinne des Abs. 1

In diesem Sinne folgen Taten nach § 22 Abs. 2 StVG aus zeitlicher Perspektive denjenigen nach § 22 Abs. 1 StVG nach. Die Begriffe „gefälscht“, „verfälscht“ und „unterdrückt“ umfassen sämtliche Tatbestandsalternativen aus Abs. 1.

Subjektiver Tatbestand nach Abs. 2

Beachten Sie, dass im subjektiven Tatbestand (bedingter) Vorsatz hinsichtlich der objektiven Tatbestandsmerkmale und zusätzlich das Wissen (hier reicht nach herrschender Meinung ebenfalls bedingter Vorsatz im Sinne eines „für möglich Haltens“ aus) um die Manipulationen am Kennzeichen zu fordern ist. Gleichsam ist die rechtswidrige Absicht der falschen Beweiserbringung, anders als in Absatz 1, nicht erforderlich.

II. Fahrerlaubnisrecht

1 Prüfungsschema

Das Fahrerlaubnisrecht wird im Hauptstudium 1 der Polizei NRW als Klausur abgeprüft. Die Bearbeitung von rechtswissenschaftlichen Klausuren im Studium der Polizei erfolgt insbesondere im Gutachtenstil:

➔ Nennung der zu prüfenden Norm

➔ Definition notwendiger Begriffe

➔ Sachverhaltsanwendung (Subsumtion)

Für die Bearbeitung einer fahrerlaubnisrechtlichen Fragestellung hat sich folgendes Prüfungsschema bewährt.

Prüfungsschema

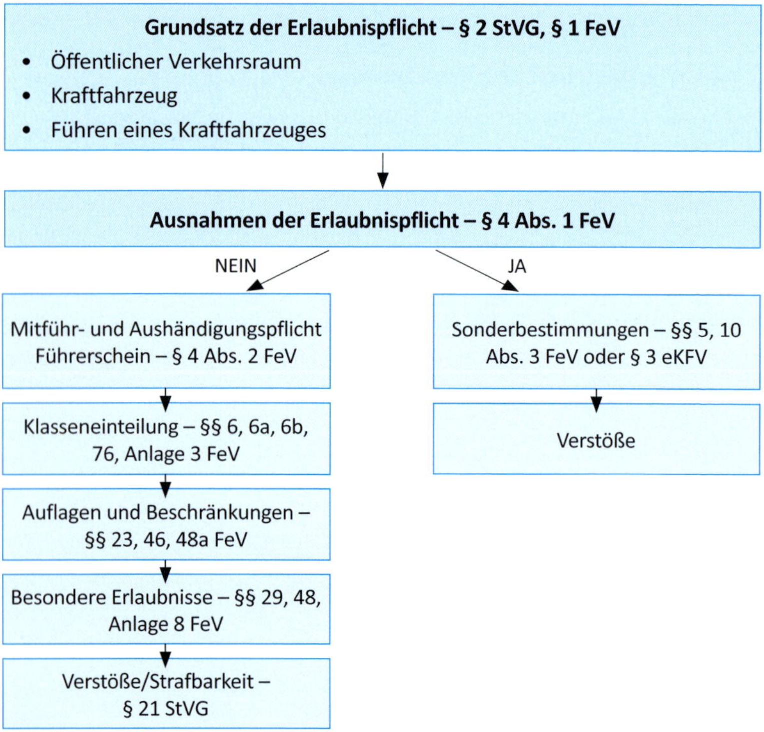

2 Grundsatz des Fahrerlaubnisrechtes

Der Grundsatz des Fahrerlaubnisrechtes ergibt sich aus § 2 Abs. 1 StVG. Demnach bedürfen Kraftfahrzeugführer auf öffentlichen Straßen einer Erlaubnis der zuständigen Behörde, sprich einer Fahrerlaubnis. Das Fahrerlaubnisrecht wird durch die Fahrerlaubnisverordnung (FeV) folgend näher bestimmt. Der Grundsatz des Fahrerlaubnisrechtes steht im Einklang mit § 1 FeV.

Eine Klausurprüfung im Gutachtenstil macht es erforderlich, zunächst die Begriffe **öffentlicher Verkehrsraum**, **Kraftfahrzeug** und **Führen eines Kraftfahrzeugs** sachverhaltsbezogen zu prüfen.

Bei der Prüfung des öffentlichen Verkehrsraums müssen Sie jedoch beachten, dass die Anwendung des Fahrerlaubnisrechtes nicht nur auf öffentlichen Straßen im Sinne des Wegerechts, sondern auch auf „tatsächlich-öffentlichen" Straßen, auf denen der Eigentümer einen öffentlichen Verkehr eröffnet hat oder duldet, gilt. Der öffentliche Verkehrsraum wird somit in die Begriffe **öffentlich-rechtlicher Verkehrsraum** und **tatsächlich-öffentlicher Verkehrsraum** unterteilt. Klausurtechnisch wird es genügen, den sachverhaltsbezogen zutreffenden Verkehrsraum zu prüfen.

Definition

Öffentlich-rechtlicher Verkehrsraum sind alle öffentlichen Straßen, Wege und Plätze, die im Sinne des Wegerechts des Bundes und der Länder gewidmet wurden. Diese wegerechtliche Widmung kann in der Regel an aufgestellten Verkehrszeichen, Lichtzeichenanlagen sowie an Straßenbezeichnungen erkannt werden.

Definition

Tatsächlich-öffentlicher Verkehrsraum sind hingegen Verkehrsflächen, wenn diese ohne Rücksicht auf eine Widmung und ungeachtet der Eigentumsverhältnisse entweder ausdrücklich oder mit stillschweigender Duldung des Verfügungsberechtigten für jedermann oder aber zumindest für eine allgemein bestimmte größere Personengruppe zur Benutzung zugelassen sind und auch tatsächlich so genutzt werden. Dabei handelt es sich in der Regel um Privatflächen. Hierzu zählen beispielhaft Parkhäuser während der Öffnungszeiten, Parkplätze von Supermärkten o. Ä. sowie Tankstellengelände während der Servicezeiten.

Definition

Der Begriff des **Kraftfahrzeugs** wird legal definiert. Somit gelten als Kraftfahrzeuge gemäß § 1 Abs. 2 StVG Landfahrzeuge, die durch Maschinenkraft bewegt werden, ohne an Bahngleise gebunden zu sein.

Ausnahmen von dem Begriff des Kraftfahrzeugs regelt das Straßenverkehrsgesetz selbst. So werden in § 1 Abs. 3 StVG bestimmte Varianten des E-Bikes, die sogenannten Pedelecs, von den Regelungen über Kraftfahrzeuge ausgenommen, wenn sie bestimmte Merkmale erfüllen. Keine Kraftfahrzeuge im Sinne des StVG und somit auch nicht mit einer Fahrerlaubnispflicht versehen sind demnach Landfahrzeuge, die durch Muskelkraft fortbewegt werden und mit einem elektromotorischen Hilfsantrieb mit einer Nenndauerleistung von höchstens 0,25 kW ausgestattet sind, dessen Unterstützung sich mit zunehmender Fahrzeuggeschwindigkeit progressiv verringert und 1. beim Erreichen einer Geschwindigkeit von 25 km/h oder früher, 2. wenn der Fahrer im Treten einhält, unterbrochen wird.

Auch, wenn diese Pedelecs zusätzlich über eine elektromotorische Anfahr- oder Schiebehilfe verfügen sollten, die eine Beschleunigung des Fahrzeugs auf eine Geschwindigkeit von bis zu 6 km/h, auch ohne gleichzeitiges Treten des Fahrers, ermöglicht, besteht diese Ausnahme.

Definition

Es folgt die Prüfung, ob ein **Kraftfahrzeugführer** vorliegt. Es führt, wer selbst unter bestimmungsgemäßer Anwendung der Antriebskraft, unter Ausnutzung der Schwerkraft auf einer Gefällstrecke oder unter Ausnutzung des vorhandenen Schwunges ein Fahrzeug in Bewegung setzt oder hält, um es unter Handhabung seiner technischen Vorrichtungen während der Fortbewegung ganz oder wenigstens zum Teil zu leiten. Dabei muss Wille zum Führen vorhanden sein.

Auch hier wird eine fahrerlaubnisrechtliche relevante Ausnahme im Straßenverkehrsgesetz geregelt. Es gilt zu beachten, dass gemäß § 2 Abs. 15 StVG beim praktischen Unterricht in Fahrschulen der Fahrlehrer als Fahrzeugführer gilt. Diese Regelung ist allerdings ohne Weiteres nur auf das Fahrerlaubnisrecht anwendbar. Insbesondere verhaltensrechtliche Sachverhaltsprüfungen bedürfen hier der Aufmerksamkeit. Ein Fahrlehrer, der als Beifahrer während einer Ausbildungsfahrt einen Fahrschüler begleitet, dessen fortgeschrittener Ausbildungsstand zu einem Eingreifen in der konkreten Situation gerade keinen Anlass gibt, ist nicht Führer des Kraftfahrzeugs (BGH DAR 2015, 97ff.).

Die Tätigkeit des Fahrlehrers besteht in der Regel in verbalen Anweisungen. Selbst in hypothetischen Gefahrensituationen benötigt der Fahrlehrer nicht notwendig beide Hände. Somit hat die Regelung des § 2 Abs. 15 StVG insbesondere Auswirkung auf eine mögliche Strafbarkeit des Kraftfahrzeugführers im Sinne des § 21 StVG.

3 Ausnahmen der Fahrerlaubnispflicht

Der Grundsatz der Fahrerlaubnispflicht wird in § 4 Abs. 1 FeV erneut aufgegriffen. Einer erneuten Prüfung des Grundsatzes bedarf es klausurtechnisch hier allerdings nicht. Von großer Relevanz sind aber die direkt darauf genannten Ausnahmen von der Fahrerlaubnispflicht. Demnach sind ausgenommen:

1. Einspurige Fahrräder mit Hilfsmotor – auch ohne Tretkurbeln –, wenn ihre Bauart Gewähr dafür bietet, dass die Höchstgeschwindigkeit auf ebener Bahn nicht mehr als 25 km/h beträgt (Mofas). Besondere Sitze für die Mitnahme von Kindern unter sieben Jahren dürfen jedoch angebracht sein.

Quelle: pixabay.com

1a. Elektrokleinstfahrzeuge nach § 1 Abs. 1 der Elektrokleinstfahrzeugeverordnung.

1b. Zweirädrige Kraftfahrzeuge der Klasse L1e-B und dreirädrige Kraftfahrzeuge der Klassen L2e-P und L2e-U nach Art. 4 Abs. 2 Buchstabe a und b der Verordnung (EU) Nr. 168/2013 des Europäischen Parlaments und des Rates vom 15. Januar 2013 über die Genehmigung und Marktüberwachung von zwei- oder dreirädrigen und vierrädrigen Fahrzeugen (ABl. L 60 vom 02.03.2013, S. 52) oder nicht EU-typgenehmigte Fahrzeuge mit den jeweils gleichen technischen Eigenschaften, wenn ihre Bauart Gewähr dafür bietet, dass die Höchstgeschwindigkeit auf ebener Bahn auf höchstens 25 km/h beschränkt ist.

Quelle: pixabay.com

2. Motorisierte Krankenfahrstühle. Dabei handelt es sich um einsitzige, nach der Bauart zum Gebrauch durch körperlich behinderte Personen bestimmte Kraftfahrzeuge mit Elektroantrieb. Die Leermasse darf nicht mehr als 300 kg (einschließlich Batterien, jedoch ohne Fahrer) sowie eine zulässige Gesamtmasse von nicht mehr als 500 kg übersteigen. Die bauartbedingte Höchstgeschwindigkeit liegt bei nicht mehr als 15 km/h und die Breite über alles bei maximal 110 cm (vgl. § 2 Nr. 13 FZV).

3. Zugmaschinen, die nach ihrer Bauart für die Verwendung land- oder forstwirtschaftlicher Zwecke bestimmt sind. Außerdem selbstfahrende Arbeitsmaschinen, Stapler und andere Flurförderzeuge jeweils mit einer durch die Bauart bestimmten Höchstgeschwindigkeit von nicht mehr als 6 km/h sowie einachsige Zug- und Arbeitsmaschinen, die von Fußgängern an Holmen geführt werden.

Quelle: pixabay.com

Zu prüfen sind bei den genannten Ausnahmen insbesondere die technischen Merkmale, die im Regelfall aus den vorgelegten Betriebserlaubnissen hervorgehen.

Mofa und Co.

Dabei stellen die Ausnahmen der Nummern 1 bis 1b wohl die größte Bedeutung für die polizeiliche Praxis dar. Die Fahrzeuge der Nummern 1 und 1b weisen eine gewisse Ähnlichkeit auf. Der Unterschied ist hier speziell auf die Entwicklung des Fahrerlaubnisrechtes und den zunehmenden Einfluss von Regelungen der Europäischen Union zurückzuführen. Unter der Nummer 1 wird das klassische Mofa geregelt, das auf historischen inländischen Regelungen beruht. Dabei gilt es insbesondere zu beachten, dass das in älteren Ausgaben der Fahrerlaubnisverordnung genutzte Merkmal der Einsitzigkeit gestrichen wurde. Die vereinzelt noch genutzten Varianten des Leichtmofas werden ebenfalls hierunter summiert. Diesbezügliche Regelungen aus der Leichtmofa-Ausnahmeverordnung sind allerdings aus fahrerlaubnisrechtlicher Sicht weniger von Bedeutung.

Die Fahrzeuge der Nummer 1b sind im Gegensatz auf europäische Regelungen, hier die EU (VO) 168/2013, zurückzuführen. Die Merkmale dieser Fahrzeuge sind ausschließlich der EU (VO) zu entnehmen und werden durch die FeV in Bezug auf die bauartbedingte Höchstgeschwindigkeit von maximal 25 km/h eingegrenzt. Eine gute Übersicht dazu bietet der in der EU (VO) genannte Anhang 1. Zusammenfassend werden für die korrekte Einstufung ein Hubraum bei Verbrennungsmotoren von 50 ccm, eine Leistung von maximal 4.000 Watt sowie eine bauartbedingte Höchstgeschwindigkeit von 25 km/h sein. Dabei ist allerdings von Besonderheit, dass nicht nur zweirädrige, sondern auch dreirädrige Fahrzeuge erfasst werden.

Elektrokleinstfahrzeuge

Quelle: pixabay.com

Die jüngste Ausnahme stellen die Elektrokleinstfahrzeuge der Nummer 1a dar. Ähnlich wie bei den Fahrzeugen der EU (VO), wird hier auf eine weiterführende Verordnung verwiesen: die Elektrokleinstfahrzeugeverordnung (eKFV). Einen Überblick über die technischen Merkmale der erfassten Fahrzeuge bietet hier § 1 eKFV. Also sind von der Ausnahme der FeV nur die dort genannten Fahrzeuge erfasst. Ein Elektrokleinstfahrzeug kann in verschiedenen Bauarten vorkommen. Die gängigste wird dabei wohl der E-Scooter sein, aber auch der sogenannte Segway (oder Mobilitätshilfe) oder selbstbalancierende Krankenfahrstühle können hier subsumiert werden.

Quelle: unsplash.com

Viele weitere selbstbalancierende Fahrzeuge werden allerdings weiterhin nicht von den Ausnahmen der FeV erfasst, wie Mono- oder Solowheels oder Howerboards. Diese unterliegen einer Fahrerlaubnispflicht.

Anders als bei den übrigen Ausnahmen der FeV werden die technischen Merkmale bei Elektrokleinstfahrzeugen eher nicht aus den vorgelegten Betriebserlaubnissen hervorgehen, da für diese keine Mitführpflicht existiert. Alternativ dazu lassen sich die wesentlichen erforderlichen Daten aber im

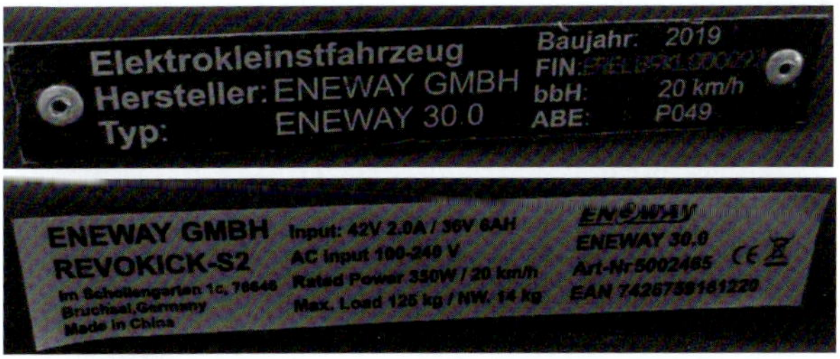

Quelle: privat

Regelfall den angebrachten Typen-/Fabrikschildern entnehmen. Folgende Merkmale sind demnach gemäß § 1 Abs. 1 eKFV zu prüfen:

- elektrischer Antrieb

- bauartbedingte Höchstgeschwindigkeit von nicht weniger als 6 km/h und nicht mehr als 20 km/h
- Fahrzeug ohne Sitz oder selbstbalancierendes Fahrzeug mit oder ohne Sitz
- eine Lenk- oder Haltestange
- eine Nenndauerleistung von nicht mehr als 500 Watt oder von nicht mehr als 1.400 Watt bei Selbstbalancierung
- eine Gesamtbreite von nicht mehr als 700 mm, eine Gesamthöhe von nicht mehr als 1.400 mm und eine Gesamtlänge von nicht mehr als 2.000 mm
- eine maximale Fahrzeugmasse ohne Fahrer von nicht mehr als 55 kg

Als selbstbalancierend gilt ein Fahrzeug gemäß § 1 Abs. 2 eKFV, wenn es mit einer integrierten elektronischen Balance-, Antriebs-, Lenk- und Verzögerungstechnik ausgestattet ist, durch die es eigenständig in Balance gehalten wird. Beschleunigung, Bremsen und Lenkung erfolgen somit per Gewichtsverlagerung des Fahrzeugführers.

3.1 Sonderbestimmungen für fahrerlaubnisfreie Fahrzeuge

Prüfbescheinigung

Beim Vorliegen eines fahrerlaubnisfreien Fahrzeugs gemäß § 4 Abs. 1 FeV erfolgt nun die Prüfung der Sonderbestimmungen. Fahrzeugführer der Fahrzeuge der o. g. Nummern 1 und 1b bedürfen zum Führen gemäß § 5 Abs. 1 FeV einer Prüfung über Fahrkenntnisse und der maßgeblichen gesetzlichen Vorschriften. Von diesem Prüfungserfordernis ausgenommen sind Personen, die bereits eine Fahrerlaubnis besitzen oder die gemäß § 76 Nr. 3 FeV vor dem 1. April 1980 das 15. Lebensjahr bereits vollendet haben. Der Nachweis der Prüfung erfolgt durch eine Prüfbescheinigung. Ein Muster dieser Prüfbescheinigung kann in der Anlage 2 Buchstabe b zur FeV eingesehen werden. Die Prüfbescheinigung ist gemäß § 5 Abs. 4 FeV mitzuführen und zuständigen Personen auf Verlangen auszuhändigen.

Für weitere fahrerlaubnisfreie Fahrzeuge gelten keine Prüfungsvoraussetzungen zum Führen.

Mindestalter

Darüber hinaus gilt es beim Führen von fahrerlaubnisfreien Fahrzeugen allerdings noch die Altersgrenzen zu beachten. Gemäß § 10 Abs. 3 FeV beträgt das

Mindestalter für diese Fahrzeuge grundsätzlich 15 Jahre. Abweichend davon wurde das Mindestalter zum Führen von Elektrokleinstfahrzeugen gemäß § 3 eKFV auf 14 Jahre festgelegt. Für motorisierte Krankenfahrstühle mit einer bauartbestimmten Höchstgeschwindigkeit von maximal 10 km/h wurde die Mindestaltersgrenze hingegen gänzlich aufgehoben.

3.2 Verstöße

Bei Nichteinhaltung der o. g. Sonderbestimmungen zum Führen von fahrerlaubnisfreien Fahrzeugen können regelmäßig Ordnungswidrigkeiten gemäß § 75 FeV festgestellt werden. Zur Verwirklichung des Straftatbestandes gemäß § 21 StVG – Fahren ohne Fahrerlaubnis – kann es aufgrund der Fahrerlaubnisfreiheit gemäß § 4 Abs. 1 FeV tatbestandlich nicht kommen. Folgende Verstöße könnten festgestellt werden:

Beispiele

- Sie führen ein Mofa/geschwindigkeitsbeschränktes Kraftfahrzeug, obwohl Sie die dafür erforderliche Prüfung nicht abgelegt haben – § 5 Abs. 1 i. V. m. § 75 Nr. 5 FeV i. V. m. § 24 StVG.
- Sie führen beim Führen eines Mofas/geschwindigkeitsbeschränkten Kraftfahrzeugs die Prüfbescheinigung oder den Führerschein nicht mit – § 5 Abs. 4 i. V. m. § 75 Nr. 4 FeV i. V. m. § 24 StVG.
- Sie führen ein fahrerlaubnisfreies Kraftfahrzeug, obwohl Sie das 15. Lebensjahr nicht vollendet haben – § 10 Abs. 3 i. V. m. § 75 Nr. 7 FeV i. V. m. § 24 StVG.

Beispiel

3.2 Beispiel: Prüfung einer Ausnahme von der Fahrerlaubnispflicht

Quelle: pixabay.com

Der 20-jährige Fahrzeugführer des links abgebildeten Zweirades wird in Münster auf der Weseler Straße angehalten und kontrolliert. Er ist allein unterwegs. Die Regelung über die zulässige Höchstgeschwindigkeit erfolgt hier durch Verkehrszeichen 274 – 70 km/h. Auf Verlangen händigt er lediglich eine Betriebserlaubnis für das Zweirad aus. Er gibt an, nicht im Besitz einer Fahrerlaubnis oder sonstigen Berechtigung zu sein. Der Betriebserlaubnis können Sie folgende Daten entnehmen: Kleinkraftrad Roller Vespa 50 N, L1e, Hubraum 49 cm^3, zGM 240 kg, Sitzplätze 2, Höchstgeschwindigkeit 25 km/h.

Zunächst gilt es zu prüfen, ob der o. g. Kraftfahrzeugführer des Zweirades im Besitz der erforderlichen Fahrerlaubnis ist. Gemäß § 2 Abs. 1 StVG muss jeder, der auf öffentlichen Straßen ein Kraftfahrzeug führt, eine Erlaubnis (Fahrerlaubnis) der zuständigen Behörde (Fahrerlaubnisbehörde) haben.

Der Begriff der öffentlichen Straßen entspricht dem öffentlichen Verkehrsraum. Darunter werden u. a. alle Straßen, Wege und Plätze gefasst, die dem allgemeinen Verkehr durch Bundes- oder Landesrecht gewidmet sind (öffentlich-rechtlicher Verkehrsraum). Erkennbar ist diese Widmung u. a. an der Vergabe von Straßennamen und Bezeichnungen sowie an der Aufstellung von Verkehrszeichen gemäß StVO.

Die o. g. Weseler Straße in Münster trägt eine solche Namensbezeichnung. Zudem wurde das Verkehrszeichen 274 gemäß Anlage 2 zur StVO aufgestellt, um die zulässige Höchstgeschwindigkeit zu regeln. Folglich liegt im Sachverhalt öffentlich-rechtlicher Verkehrsraum vor.

Weiter ist zu prüfen, ob im o. g. Sachverhalt ein Kraftfahrzeug geführt wird. Kraftfahrzeuge werden in § 1 Abs. 2 StVG definiert, demnach handelt es sich um Landfahrzeuge, die durch Maschinenkraft bewegt werden, ohne an Bahngleise gebunden zu sein. Das o. g. Zweirad wird offensichtlich durch eine Motorisierung angetrieben, eine anderweitige Antriebsart ist nicht ersichtlich. Zudem bewegt es sich auf der Weseler Straße fort, Schienen sind hier nicht vorhanden. Somit liegt ein Kraftfahrzeug vor.

Es führt, wer selbst unter bestimmungsgemäßer Anwendung der Antriebskraft, unter Ausnutzung der Schwerkraft auf einer Gefällstrecke oder unter Ausnutzung des vorhandenen Schwunges ein Fahrzeug in Bewegung setzt oder hält, um es unter Handhabung seiner technischen Vorrichtungen während der Fortbewegung ganz oder wenigstens zum Teil zu leiten. Dabei muss Wille zum Führen vorhanden sein.

Der o. g. Führer des Zweirades fährt auf die Kontrollstelle zu. Um den Roller fortzubewegen, muss er auf der geradlinig verlaufenden Weseler Straßen die technischen Gegebenheiten – wie den Antrieb und die Bremsen – nutzen und darauf einwirken. Er sitzt allein auf dem Roller, sodass eine anderweitige Einwirkung auszuschließen ist. Von seinem Willen der Fortbewegung ist mangels Informationen auszugehen. Das Kraftfahrzeug wird folglich im öffentlichen Verkehrsraum geführt.

Für das Führen wird nun grundsätzlich eine Fahrerlaubnis gefordert. Ausnahmen hiervon werden in § 4 Abs. 1 FeV genannt. Im vorliegenden Sachverhalt könnte eine Ausnahme gemäß § 4 Abs. 1 Nr. 1b FeV infrage kommen. Demnach sind von der Erlaubnispflicht ausgenommen, u. a. zweirädrige Kraftfahrzeuge der Klasse L1e-B nach Art. 4 Abs. 2 Buchstabe a und b der Verordnung (EU) Nr. 168/2013 des Europäischen Parlaments und des Rates vom 15. Januar 2013 über die Genehmigung und Marktüberwachung von zwei- oder dreirädrigen und vierrädrigen Fahrzeugen (ABl. L 60 vom 02.03.2013, S. 52) oder nicht EU-typgenehmigte Fahrzeuge mit den jeweils gleichen technischen Eigenschaften, wenn ihre Bauart Gewähr dafür bietet, dass die Höchstgeschwindigkeit auf ebener Bahn auf höchstens 25 km/h beschränkt ist.

Die nötigen Bauartbeschreibungen dieser Fahrzeuge können dem Anhang 1 der genannten EU (VO) entnommen werden. Es handelt sich demnach um Fahrzeuge mit zwei Rädern und u. a. einem Hubvolumen von ≤ 50 cm^3, abweichend mit einer bauartbedingten Höchstgeschwindigkeit von 25 km/h und einer maximalen Nenndauerleistung oder Nutzleistung ≤ 4.000 W. Wie im Sachverhalt dargestellt, kann der Betriebserlaubnis der Fahrzeugtyp L1e entnommen werden. Zudem kann von der Zweirädrigkeit anhand der Abbildung ausgegangen werden, der Hubraum liegt mit 49 cm^3 unter der geforderten Grenze von 50 cm^3, die Höchstgeschwindigkeit entspricht 25 km/h.

Somit handelt es sich bei dem geführten Zweirad um eine Ausnahme von der Fahrerlaubnispflicht gemäß § 4 Abs. 1 Nr. 1b FeV.

Allerdings gelten für das Führen eines solchen Zweirades Sonderbestimmungen: Gemäß § 5 Abs. 1 FeV muss der Kraftfahrzeugführer eine Prüfung abgelegt haben, dass er ausreichende Kenntnisse der für das Führen eines Kraftfahrzeugs maßgebenden gesetzlichen Vorschriften hat und mit den Gefahren des Straßenverkehrs und den zu ihrer Abwehr erforderlichen Verhaltensweisen vertraut ist. Davon ausgenommen sind Inhaber einer Fahrerlaubnis. Der Zweiradführer im Sachverhalt ist allerdings nicht Inhaber einer Fahrerlaubnis.

Diese Prüfung muss gemäß Absatz 4 durch eine Prüfbescheinigung zum Führen von Mofas und zwei- und dreirädriger Kraftfahrzeuge bis 25 km/h nach Anlage 2 zur FeV nachgewiesen werden. Die Bescheinigung ist mitzuführen und zuständigen Personen auf Verlangen zur Prüfung auszuhändigen. Der o. g. Zweiradführer legt eine solche Prüfbescheinigung nicht vor, sodass mangels weiterer Informationen davon ausgegangen werden muss, dass er die Prüfung nicht abgelegt hat.

Dieser Verstoß gegen § 5 Abs. 1 FeV stellt gemäß § 75 Nr. 5 FeV i. V. m. § 24 StVG eine Ordnungswidrigkeit dar.

4 Mitführ- und Aushändigungspflicht Führerschein

Beim Vorliegen eines fahrerlaubnispflichtigen Fahrzeugs, wenn also die Ausnahmen gemäß § 4 Abs. 1 FeV nicht in Betracht kommen, ist weiter das Vorliegen eines Führerscheins zu prüfen. Gemäß § 4 Abs. 2 FeV ist die Fahrerlaubnis durch eine gültige amtliche Bescheinigung (Führerschein) nachzuweisen. Beim Führen eines Kraftfahrzeugs ist ein dafür gültiger Führerschein mitzuführen und zuständigen Personen auf Verlangen zur Prüfung auszuhändigen.

FE und FS

Zum weiteren Verständnis ist zunächst eine differenzierte Betrachtung der Begriffe Fahrerlaubnis und Führerschein notwendig. Die Fahrerlaubnis ist der förmliche Rechtsakt, durch den die zuständige Behörde eine Erlaubnis zum Führen von Kraftfahrzeugen erteilt. Der Führerschein hingegen ist dabei der verschriftlichte Nachweis (Bescheinigung) dieser Erlaubnis und zur Nutzung im Rechtsverkehr zugelassen. Das führt zu einer rechtlich voneinander getrennten Bewertung beider Begriffe.

Insbesondere bei der Bewertung des Führerscheindokumentes kommen diesen differenzierten Betrachtungen besondere Bedeutungen zu. Dazu wird in der Folge zunächst das aktuell gültige Führerscheindokument beschrieben.

Der aktuelle Führerschein im Kartenformat entspricht dem Muster der Anlage 8 I der FeV. Die Bezeichnungen der jeweiligen Ziffern auf dem Dokument können ebenfalls hier abgeleitet werden.

Führerschein

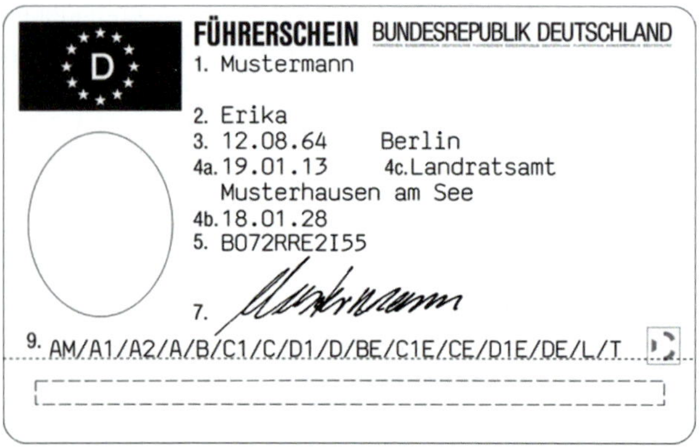

Quelle: Bundesdruckerei GmbH (beide Abbildungen)

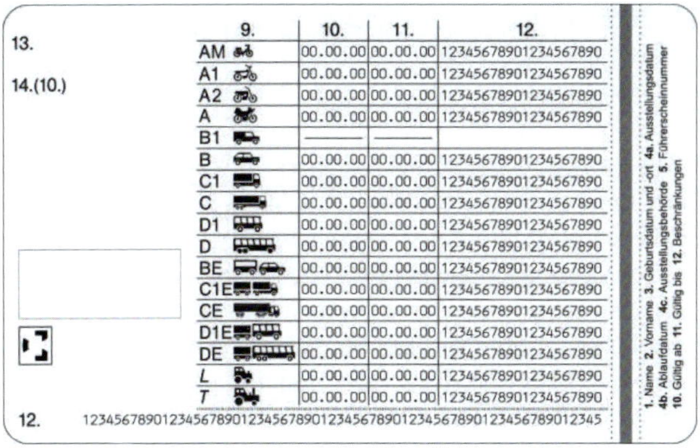

13.

14.(10.)

9.	10.	11.	12.
AM	00.00.00	00.00.00	12345678901234567890
A1	00.00.00	00.00.00	12345678901234567890
A2	00.00.00	00.00.00	12345678901234567890
A	00.00.00	00.00.00	12345678901234567890
B1	———	———	
B	00.00.00	00.00.00	12345678901234567890
C1	00.00.00	00.00.00	12345678901234567890
C	00.00.00	00.00.00	12345678901234567890
D1	00.00.00	00.00.00	12345678901234567890
D	00.00.00	00.00.00	12345678901234567890
BE	00.00.00	00.00.00	12345678901234567890
C1E	00.00.00	00.00.00	12345678901234567890
CE	00.00.00	00.00.00	12345678901234567890
D1E	00.00.00	00.00.00	12345678901234567890
DE	00.00.00	00.00.00	12345678901234567890
L	00.00.00	00.00.00	12345678901234567890
T	00.00.00	00.00.00	12345678901234567890

12. 123456789012345678901234567890123456789012345678901234567890123456789012345

1. Name 2. Vorname 3. Geburtsdatum und -ort 4a. Ausstellungsdatum
4b. Ablaufdatum 4c. Ausstellungsbehörde 5. Führerscheinnummer
10. Gültig ab 11. Gültig bis 12. Beschränkungen

Die Ziffer 4a entspricht hierbei dem Ausstellungsdatum des Führerscheins, also des Dokumentes. Es hat dabei nichts mit der Erteilung der Fahrerlaubnis, also dem förmlichen Rechtsakt der Fahrerlaubniserteilung zu tun. Daran gekoppelt wird die Ziffer 4b, in der das Ablaufdatum des Führerscheins zu finden ist. Ein Ablauf des Führerscheindokumentes wird erst seit der Fahrerlaubnisreform zum 19. Januar 2013 in den Führerschein eingetragen. Die Gründe hierfür liegen in der von der Europäischen Kommission gewollten Aktualität der Dokumente, deren Fälschungssicherheit und Vereinheitlichung in der Europäischen Union. Ältere Dokumente, die vor dem 19. Januar 2013 ausgestellt wurden, sind somit grundsätzlich unbefristet gültig. Allerdings wurde im Zuge der Vereinheitlichung auch für Altdokumente eine generelle Umtauschpflicht zum 19. Januar 2033 eingeführt. Der sukzessive Umtausch soll bis dahin abgeschlossen sein.

Die o. g. differenzierte Betrachtung der Begriffe führt nun dazu, dass beim Ablauf der Ziffer 4b somit nur das Dokument Führerschein ungültig wird, nicht aber die Fahrerlaubnis als solche. Somit kommt es bei einem möglichen Verstoß gegen die Gültigkeit gemäß Ziffer 4b nicht zur Verwirklichung einer Straftat gemäß § 21 StVG, sondern vielmehr zur Begehung einer Ordnungswidrigkeit gemäß § 75 FeV.

Die Ziffer 9 auf der Vorderseite bietet zwar eine Übersicht über die erteilten Fahrerlaubnisklassen, sollte aber für eine rechtliche Prüfung nicht genutzt werden. Umschreibungen und Neuausstellungen von Führerscheinen, insbesondere von Führerscheinen aus dem alten Recht, machen die Aussagekraft von Ziffer 9 auf der Vorderseite zunichte. Eine korrekte rechtliche Prüfung kann nur mit den Daten der Führerscheinrückseite erfolgen. Hier werden die Klassen tabellarisch dargestellt und mittels der in Ziffer 12 genannten Schlüsselzahlen erweitert bzw. eingeschränkt. Mehr zu den Schlüsselzahlen lesen Sie in den folgenden Kapiteln zu Klasseneinteilung und Auflagen/Beschränkungen.

Weiter auf der Rückseite des Führerscheins interessant sind die Ziffern 10 und 11. Mit der Ziffer 10 wird das jeweilige Erteildatum einer Fahrerlaubnisklasse angegeben. Bei Führerscheinerstausstellungen wird das Datum ggf. handschriftlich in das links befindliche Feld 14(10.) eingetragen. Wie bereits oben erläutert, ist das Erteildatum nicht zu verwechseln mit dem Ausstelldatum des Führerscheins in Ziffer 4a. Die Ziffer 11 gibt ein Gültigkeitsdatum an. Es wird nur bei befristet erteilten Fahrerlaubnissen, wie beispielsweise den Klassen C und D, eingetragen. Sollte hier kein Eintrag vorliegen, wurde die Klasse unbefristet erteilt. Ein Überschreiten dieses Gültigkeitsdatums führt in der Regel zu einer Strafbarkeit gemäß § 21 StVG (Fahren ohne Fahrerlaubnis).

5 Klasseneinteilung

Klassen

Bei der Feststellung einer Fahrerlaubnispflicht gemäß § 4 Abs. 1 FeV gilt es nun weiter zu prüfen, welche Fahrerlaubnisklasse für das entsprechende Fahrzeug benötigt wird und ob diese abschließend auch erteilt wurde. Folglich wird zunächst das geführte Fahrzeug anhand seiner technischen Daten untersucht. In der Regel lassen sich klausurtechnisch diese Daten aus den abgelichteten Zulassungsbescheinigungen entnehmen. Die aktuellen Fahrerlaubnisklassen werden in § 6 Abs. 1 FeV genannt. Ergänzt wird die Norm durch die Übergangsregelungen des § 76 FeV sowie durch die Regelungen aus §§ 6a, 6b FeV. Die stellenweise direkte Bezugnahme des § 6 Abs. 1 FeV zur Verordnung (EU) Nr. 168/2013 – insbesondere in der Fahrerlaubnisklasse AM – macht das Lesen des Verordnungstextes oftmals schwierig. Hier bietet der dortige Anhang 1 eine gute Übersicht. Beachten Sie auch, dass durch Schlüsselzahlen gemäß Anlage 9 zur FeV die Erlaubnis erweitert/eingeschränkt werden kann. Zur vereinfachten Darstellung aller genannten Regelungen folgt eine tabellarische Zusammenfassung der Fahrerlaubnisklassen:

Fahr-erlaubnis-klasse	Klassenbeschreibung	Ergänzende Regelungen
AM 	– **Leichte zweirädrige Kleinkrafträder** der Klasse L1e-B (Mopeds) mit • bauartbedingter Höchstgeschwindigkeit bis 45 km/h und • einem Verbrennungsmotor mit einem Hubraum von nicht mehr als 50 cm³ und • einer maximalen Nenndauerleistung im Falle von Elektromotoren oder einer maximalen Nutzleistung bei anderen Verbrennungsmotoren bis zu 4 kW.	Als **zweirädrige Kleinkrafträder und Fahrräder mit Hilfsmotor** gelten auch: a) Krafträder mit einem Hubraum von nicht mehr als 50 cm³ und einer durch die Bauart bestimmten Höchstgeschwindigkeit von mehr als 45 km/h und nicht mehr als 50 km/h, wenn sie bis zum 31. Dezember 2001 erstmals in den Verkehr gekommen sind, b) Kleinkrafträder und Fahrräder mit Hilfsmotor im Sinne der Vorschriften der Deutschen Demokratischen Republik, wenn sie bis zum 28. Februar 1992 erstmals in den Verkehr gekommen sind. Wie **Fahrräder mit Hilfsmotor** werden beim Vorliegen der sonstigen Voraussetzungen des § 6 Absatz 1 behandelt: a) Fahrzeuge mit einem Hubraum von mehr als 50 cm³, wenn sie vor dem 1. September 1952 erstmals in den Verkehr gekommen sind und die durch die Bauart bestimmte Höchstleistung ihres Motors 0,7 kW (1 PS) nicht überschreitet,

Fahrerlaubnisklasse	Klassenbeschreibung	Ergänzende Regelungen
		b) Fahrzeuge mit einer durch die Bauart bestimmten Höchstgeschwindigkeit von mehr als 40 km/h, wenn sie vor dem 1. Januar 1957 erstmals in den Verkehr gekommen sind und das Gewicht des betriebsfähigen Fahrzeugs mit dem Hilfsmotor, jedoch ohne Werkzeug und ohne den Inhalt des Kraftstoffbehälters – bei Fahrzeugen, die für die Beförderung von Lasten eingerichtet sind, auch ohne Gepäckträger –, 33 kg nicht übersteigt. Diese Gewichtsgrenze gilt nicht bei zweisitzigen Fahrzeugen (Tandems) und Fahrzeugen mit drei Rädern.
	Dreirädrige Kleinkrafträder der Klasse L2e mit • bauartbedingter Höchstgeschwindigkeit von nicht mehr als 45 km/h und • Hubraum von nicht mehr als 50 cm^3 (bei Fremdzündungsmotoren) oder von nicht mehr als 500 cm^3 (bei Selbstzündungsmotoren) und	-

Fahr-erlaubnis-klasse	Klassenbeschreibung	Ergänzende Regelungen
	• einer maximalen Nenndauerleistung im Falle von Elektromotoren oder einer maximalen Nutzleistung bei anderen Verbrennungsmotoren bis zu 4 kW und • einer Masse in fahrbereitem Zustand ≤ 270 kg und • höchstens zwei Sitzplätzen einschl. Fahrersitz.	
	Leichte vierrädrige Leichtkraftfahrzeuge der Klasse L6e mit • bauartbedingter Höchstgeschwindigkeit von nicht mehr als 45 km/h und • Hubraum von nicht mehr als 50 cm^3 (bei Fremdzündungsmotoren) oder von nicht mehr als 500 cm^3 (bei Selbstzündungsmoto ren) und	-

Fahr-erlaubnis-klasse	Klassenbeschreibung	Ergänzende Regelungen
	• einer maximalen Nenndauerleistung im Falle von Elektromotoren oder einer maximalen Nutzleistung bei anderen Verbrennungsmotoren bis zu 4 kW (Klasse L6e-A) bzw. 6 kW (Klasse L6e-B) und • einer Masse in fahrbereitem Zustand < 425 kg, • höchstens zwei Sitzplätzen einschl. Fahrersitz.	
A1 	**Krafträder** (auch mit Beiwagen) mit einem Hubraum von bis zu 125 cm³, einer Motorleistung von nicht mehr als 11 kW, bei denen das Verhältnis der Leistung zum Gewicht 0,1 kW/kg nicht übersteigt,	Inhaber einer vor dem 19. Januar 2013 erteilten Klasse A1 dürfen Krafträder der Klasse A1 mit einem Leistungsgewicht von mehr als 0,1 kW/kg führen (Schlüsselzahl: 79.05). Als **Krafträder** der Klasse A1 gelten auch: a) Krafträder mit einem Hubraum von nicht mehr als 50 cm³ und einer durch die Bauart bestimmten Höchstgeschwindigkeit von mehr als 40 km/h, wenn sie bis zum 31. Dezember 1983 erstmals in den Verkehr gekommen sind (Kleinkrafträder bisherigen Rechts) und

Fahrerlaubnisklasse	Klassenbeschreibung	Ergänzende Regelungen
	– **dreirädrige Kraftfahrzeuge** mit symmetrisch angeordneten Rädern und einem Hubraum von mehr als 50 cm³ bei Verbrennungsmotoren oder einer bauartbedingten Höchstgeschwindigkeit von mehr als 45 km/h und mit einer Leistung von bis zu 15 kW.	b) Krafträder mit einem Hubraum von nicht mehr als 125 cm³ und einer Nennleistung von nicht mehr als 11 kW, wenn sie bis zum 18. Januar 2013 erstmals in den Verkehr gekommen sind.
A2 	**Krafträder** (auch mit Beiwagen) mit a) einer Motorleistung von nicht mehr als 35 kW und b) einem Verhältnis der Leistung zum Gewicht von nicht mehr als 0,2 kW/kg, die nicht von einem Kraftrad mit einer Leistung von über 70 kW Motorleistung abgeleitet sind.	Inhaber einer ab dem 19. Januar 2013 bis zum Ablauf des 27. Dezember 2016 erteilten Berechtigung zum Führen von Krafträdern (auch mit Beiwagen) mit einer Motorleistung von nicht mehr als 35 kW, bei denen das Verhältnis der Leistung zum Gewicht 0,2 kW/kg nicht übersteigt (Klasse A2-alt), sind im Inland auch zum Führen von Krafträdern berechtigt, deren Leistung von über 70 kW Motorleistung abgeleitet ist.
A 	**Krafträder** (auch mit Beiwagen) mit einem Hubraum von mehr als 50 cm³ oder mit einer durch die Bauart bestimmten Höchstgeschwindigkeit von mehr als 45 km/h und	Inhaber einer Fahrerlaubnis der Klasse A (beschränkt) nach § 6 Abs. 2 dieser Verordnung in der bis zum 18. Januar 2013 geltenden Fassung dürfen a) **Krafträder** der Klasse A2 und b) nach Ablauf von zwei Jahren nach der Erteilung Kraftfahrzeuge der Klasse A führen.

Fahr-erlaubnis-klasse	Klassenbeschreibung	Ergänzende Regelungen
	Dreirädrige Kraftfahrzeuge mit einer Leistung von mehr als 15 kW und dreirädrige Kraftfahrzeuge mit symmetrisch angeordneten Rädern und einem Hubraum von mehr als 50 cm³ bei Verbrennungsmotoren oder einer bauartbedingten Höchstgeschwindigkeit von mehr als 45 km/h und mit einer Leistung von mehr als 15 kW.	-
B 	**Kraftfahrzeuge** – ausgenommen Kraftfahrzeuge der Klassen AM, A1, A2 und A – mit einer zulässigen Gesamtmasse von **nicht mehr als 3.500 kg**, die zur Beförderung von nicht mehr als acht Personen außer dem Fahrzeugführer ausgelegt und gebaut sind (auch mit Anhänger mit einer zulässigen Gesamtmasse von nicht mehr als 750 kg oder mit Anhänger über 750 kg zulässiger Gesamtmasse, sofern 3.500 kg zulässige Gesamtmasse der Kombination nicht überschritten wird).	Die Klasse B, Erteilungsdatum ab dem 19. Januar 2013 bis zum Ablauf des 26. Dezember 2016, berechtigt im Inland: a) bis zur Vollendung des 21. Lebensjahres zum Führen von **dreirädrigen Kraftfahrzeugen** der Klasse A1 b) nach Vollendung des nach Buchstabe a vorgeschriebenen Mindestalters zum Führen von **dreirädrigen Kraftfahrzeugen** der Klasse A. Mit einer vor dem 19. Januar 2013 erteilten Klasse B (o.3) dürfen weiterhin auch im Ausland dreirädrige Kfz geführt werden (Schlüsselzahl: 79.03 zu Klasse A1 und A).

Fahrerlaubnisklasse	Klassenbeschreibung	Ergänzende Regelungen
		Die Fahrerlaubnis der Klasse B wird auch zum Führen von **dreirädrigen Kraftfahrzeugen** im Inland erteilt – im Falle eines Kraftfahrzeugs mit einer Motorleistung von mehr als 15 kW jedoch nur, soweit der Inhaber der Fahrerlaubnis mindestens 21 Jahre alt ist (Schlüsselzahl: 194).
		Die Fahrerlaubnis der Klasse B kann mit der **Schlüsselzahl 96** für **Fahrzeugkombinationen** bestehend aus einem Kraftfahrzeug der Klasse B und einem Anhänger mit einer zulässigen Gesamtmasse von mehr als 750 kg erteilt werden, sofern die zulässige Gesamtmasse der Fahrzeugkombination 3.500 kg überschreitet, aber **4.250 kg** nicht übersteigt.
		Die Fahrerlaubnis der Klasse B kann mit der **Schlüsselzahl 196** erteilt werden für **Krafträder (auch mit Beiwagen) mit einem Hubraum von bis zu 125 cm³**, einer Motorleistung von nicht mehr als 11 kW, bei denen das Verhältnis der Leistung zum Gewicht 0,1 kW/kg nicht übersteigt.
BE 	**Fahrzeugkombinationen**, die aus einem Zugfahrzeug der Klasse B und einem Anhänger oder Sattelanhänger bestehen, sofern die zulässige Gesamtmasse des Anhängers oder Sattelanhängers **3.500 kg** nicht übersteigt.	Mit einer vor dem 19. Januar 2013 erteilten Klasse BE (o.3), dürfen weiterhin Fahrzeugkombinationen der Klasse BE geführt werden, sofern die zGM des Anhängers 3.500 kg übersteigt (Schlüsselzahl: 79.06 zu Klasse BE).

Fahrerlaubnisklasse	Klassenbeschreibung	Ergänzende Regelungen
C1 	Kraftfahrzeuge – ausgenommen Kraftfahrzeuge der Klassen AM, A1, A2, A, D1 und D – mit einer zulässigen Gesamtmasse von **mehr als 3.500 kg, aber nicht mehr als 7.500 kg**, und die zur Beförderung von nicht mehr als acht Personen außer dem Fahrzeugführer ausgelegt und gebaut sind (auch mit Anhänger mit einer zulässigen Gesamtmasse von nicht mehr als 750 kg). **Die Fahrerlaubnisklassen C1, C1E berechtigen nicht zum Führen von Kfz, deren Zweckbestimmung die Personenbeförderung ist!** Eine Fahrerlaubnis der Klasse C1 berechtigt auch zum Führen von Fahrzeugen mit einer zulässigen Gesamtmasse von mehr als 3.500 kg, aber nicht mehr als 7.500 kg, und die zur Beförderung von nicht mehr als acht Personen außer dem Fahrzeugführer ausgelegt und gebaut sind mit insbesondere folgender, für die Genehmigung der Fahrzeugtypen maßgeblicher, **besonderer Zweckbestimmung**:	Inhaber einer bis zum 18. Januar 2013 erteilten Fahrerlaubnis der Klasse C1 sind auch berechtigt, Kraftfahrzeuge, die zur Beförderung von nicht mehr als acht Personen außer dem Fahrzeugführer gebaut sind, zu führen – unabhängig von der Zweckbestimmung. Inhaber einer Fahrerlaubnis der Klasse 3 oder einer ihr entsprechenden Fahrerlaubnis, die bis zum 31. Dezember 1998 erteilt worden ist, brauchen sich, soweit sie keine in Klasse CE fallenden Fahrzeugkombinationen führen, keinen ärztlichen Untersuchungen zu unterziehen. Bei einer Umstellung ihrer Fahrerlaubnis werden die Klassen **C1 und C1E nicht befristet**. Die **Geltungsdauer** einer Fahrerlaubnis der Klassen C1 und C1E, die nach dem 31. Dezember 1998 und vor dem 19. Januar 2013 erteilt worden ist, endet mit Vollendung des 50. Lebensjahres des Inhabers der Fahrerlaubnis.

Fahr-erlaubnis-klasse	Klassenbeschreibung	Ergänzende Regelungen
	1.–5. Einsatzfahrzeuge der Feuerwehr, der Polizei, der nach Landesrecht anerkannten Rettungsdienste, des Technischen Hilfswerks, sonstiger Einheiten des Katastrophenschutzes, 6. u. 7. Krankenkraftwagen, Notarzteinsatz- und Sanitätsfahrzeuge, 8. Beschussgeschützte Fahrzeuge, 9. Post-, Funk- und Fernmeldefahrzeuge, 10. Spezialisierte Verkaufswagen, 11. Rollstuhlgerechte Fahrzeuge, 12. Leichenwagen und 13. Wohnmobile.	

Fahr-erlaubnis-klasse	Klassenbeschreibung	Ergänzende Regelungen
C1E 	**Fahrzeugkombinationen**, die aus einem Zugfahrzeug – der **Klasse C1** und einem Anhänger oder Sattelanhänger mit einer zulässigen Gesamtmasse von mehr als 750 kg bestehen, sofern die zulässige Gesamtmasse der Fahrzeugkombination **12.000 kg** nicht übersteigt, – der **Klasse B** und einem Anhänger oder Sattelanhänger mit einer zulässigen Gesamtmasse von mehr als 3.500 kg bestehen, sofern die zulässige Gesamtmasse der Fahrzeugkombination **12.000 kg** nicht übersteigt. Die Ausführungen bzgl. Zweckbestimmung bei Klasse C1, gelten für Klasse C1E entsprechend.	Inhaber einer Fahrerlaubnis der Klasse 3 oder einer ihr entsprechenden Fahrerlaubnis, die bis zum 31. Dezember 1998 erteilt worden ist, brauchen sich, soweit sie keine in Klasse CE fallenden Fahrzeugkombinationen führen, keinen ärztlichen Untersuchungen zu unterziehen. Bei einer Umstellung ihrer Fahrerlaubnis werden die Klassen **C1 und C1E nicht befristet**. Die **Geltungsdauer** einer Fahrerlaubnis der Klassen C1 und C1E, die nach dem 31. Dezember 1998 und vor dem 19. Januar 2013 erteilt worden ist, endet mit Vollendung des 50. Lebensjahres des Inhabers der Fahrerlaubnis.

Fahr-erlaubnis-klasse	Klassenbeschreibung	Ergänzende Regelungen
C 	**Kraftfahrzeuge** – ausgenommen Kraftfahrzeuge der Klassen AM, A1, A2, A, D1 und D – mit einer zulässigen Gesamtmasse von **mehr als 3.500 kg**, die zur Beförderung von nicht mehr als acht Personen außer dem Fahrzeugführer ausgelegt und gebaut sind (auch mit Anhänger mit einer zulässigen Gesamtmasse von nicht mehr als 750 kg). **Die Fahrerlaubnisklassen C, CE berechtigen nicht zum Führen von Kfz, deren Zweckbestimmung die Personenbeförderung ist!** Eine Fahrerlaubnis der Klasse C berechtigt auch zum Führen von Fahrzeugen mit einer zulässigen Gesamtmasse von mehr als 3.500 kg, die zur Beförderung von nicht mehr als acht Personen außer dem Fahrzeugführer ausgelegt und gebaut sind mit insbesondere folgender, für die Genehmigung der Fahrzeugtypen maßgeblicher, **besonderer Zweckbestimmung**:	Inhaber einer bis zum 18. Januar 2013 erteilten Fahrerlaubnis der Klasse C sind auch berechtigt, Kraftfahrzeuge, die zur Beförderung von nicht mehr als acht Personen außer dem Fahrzeugführer gebaut sind, zu führen (unabhängig von der Zweckbestimmung). Bei der Umstellung einer bis zum 31. Dezember 1998 erteilten Fahrerlaubnis der Klasse 2 oder einer entsprechenden Fahrerlaubnis wird die Fahrerlaubnis der Klassen C und CE bis zu dem Tag befristet, an dem der Inhaber das **50. Lebensjahr vollendet**. Wird die bis zum 31. Dezember 1998 erteilte Fahrerlaubnis nicht umgestellt, darf der Inhaber ab Vollendung des 50. Lebensjahres **keine Fahrzeuge oder Fahrzeugkombinationen der Klassen C oder CE mehr führen.**

Fahr-erlaubnis-klasse	Klassenbeschreibung	Ergänzende Regelungen
	1.–5. Einsatzfahrzeuge der Feuerwehr, der Polizei, der nach Landesrecht anerkannten Rettungsdienste, des Technischen Hilfswerks, sonstiger Einheiten des Katastrophenschutzes, 6. u. 7. Krankenkraftwagen, Notarzteinsatz- und Sanitätsfahrzeuge, 8. Beschussgeschützte Fahrzeuge, 9. Post-, Funk- und Fernmeldefahrzeuge, 10. Spezialisierte Verkaufswagen, 11. Rollstuhlgerechte Fahrzeuge, 12. Leichenwagen und 13. Wohnmobile	
CE 	**Fahrzeugkombinationen**, die aus einem Zugfahrzeug der **Klasse C** und Anhängern oder einem Sattelanhänger mit einer zulässigen Gesamtmasse von **mehr als 750 kg** bestehen. Die Ausführungen bzgl. der Zweckbestimmung bei Klasse C gelten für Klasse CE entsprechend.	Bei der Umstellung einer bis zum 31. Dezember 1998 erteilten Fahrerlaubnis der Klasse 2 oder einer entsprechenden Fahrerlaubnis wird die Fahrerlaubnis der Klassen C und CE bis zu dem Tag befristet, an dem der Inhaber das **50. Lebensjahr vollendet**. Wird die bis zum 31. Dezember 1998 erteilte Fahrerlaubnis nicht umgestellt, darf der Inhaber ab Vollendung des 50. Lebensjahres **keine Fahrzeuge oder Fahrzeugkombinationen der Klassen C oder CE mehr führen.**

Fahrerlaubnis-klasse	Klassenbeschreibung	Ergänzende Regelungen
D1 	**Kraftfahrzeuge**, ausgenommen Kraftfahrzeuge der Klassen AM, A1, A2, A, die zur Beförderung von **nicht mehr als 16 Personen außer dem Fahrzeugführer** ausgelegt und gebaut sind und deren Länge nicht mehr als **8 m** beträgt (auch mit Anhänger mit einer zulässigen Gesamtmasse von nicht mehr als 750 kg).	-
D1E 	**Fahrzeugkombinationen**, die aus einem Zugfahrzeug der **Klasse D1** und einem Anhänger mit einer zulässigen Gesamtmasse von **mehr als 750 kg** bestehen.	-
D 	**Kraftfahrzeuge**, ausgenommen Kraftfahrzeuge der Klassen AM, A1, A2, A, die zur Beförderung von **mehr als acht Personen außer dem Fahrzeugführer** ausgelegt und gebaut sind (auch mit Anhänger mit einer zulässigen Gesamtmasse von nicht mehr als 750 kg).	-
DE 	**Fahrzeugkombinationen**, die aus einem Zugfahrzeug der **Klasse D** und einem Anhänger mit einer zulässigen Gesamtmasse von **mehr als 750 kg** bestehen.	-

Fahrerlaubnisklasse	Klassenbeschreibung	Ergänzende Regelungen
L 	**Zugmaschinen**, die nach ihrer Bauart zur Verwendung für land- oder forstwirtschaftliche Zwecke bestimmt sind und für solche Zwecke eingesetzt werden, mit einer durch die Bauart bestimmten Höchstgeschwindigkeit von nicht mehr als 40 km/h und Kombinationen aus diesen Fahrzeugen und Anhängern, wenn sie mit einer Geschwindigkeit von nicht mehr als 25 km/h geführt werden, sowie **selbstfahrende Arbeitsmaschinen, selbstfahrende Futtermischwagen, Stapler und andere Flurförderzeuge** jeweils mit einer durch die Bauart bestimmten Höchstgeschwindigkeit von nicht mehr als 25 km/h und Kombinationen aus diesen Fahrzeugen und Anhängern.	-

Fahrerlaubnisklasse	Klassenbeschreibung	Ergänzende Regelungen
T 	**Zugmaschinen** mit einer durch die Bauart bestimmten Höchstgeschwindigkeit von nicht mehr als 60 km/h und selbstfahrende Arbeitsmaschinen oder selbstfahrende Futtermischwagen mit einer durch die Bauart bestimmten Höchstgeschwindigkeit von nicht mehr als 40 km/h, die jeweils nach ihrer Bauart zur Verwendung für land- oder forstwirtschaftliche Zwecke bestimmt sind und für solche Zwecke eingesetzt werden (jeweils auch mit Anhängern).	**Zugmaschinen** der Klasse T mit einer durch die Bauart bestimmten Höchstgeschwindigkeit von mehr als 40 km/h dürfen nur von Inhabern einer Fahrerlaubnis der Klasse T geführt werden, die das 18. Lebensjahr vollendet haben.

Lof-Zweck

Ergänzend zu den letztgenannten, nationalen Fahrerlaubnisklassen L und T wird der Nutzungszweck für Land- und Forstwirtschaft durch § 6 Abs. 5 FeV definiert. Dieser Zweck ist klausurtechnisch zu prüfen. Unter land- oder forstwirtschaftliche Zwecke im Rahmen der Fahrerlaubnis der Klassen T und L fallen:

1. Betrieb von Landwirtschaft, Forstwirtschaft, Weinbau, Gartenbau, Obstbau, Gemüsebau, Baumschulen, Tierzucht, Tierhaltung, Fischzucht, Teichwirtschaft, Fischerei, Imkerei, Jagd sowie den Zielen des Natur- und Umweltschutzes dienende Landschaftspflege,
2. Park-, Garten-, Böschungs- und Friedhofspflege,
3. landwirtschaftliche Nebenerwerbstätigkeit und Nachbarschaftshilfe von Landwirten,
4. Betrieb von land- und forstwirtschaftlichen Lohnunternehmen und andere überbetriebliche Maschinenverwendung,
5. Betrieb von Unternehmen, die unmittelbar der Sicherung, Überwachung und Förderung der Landwirtschaft überwiegend dienen,

6. Betrieb von Werkstätten zur Reparatur, Wartung und Prüfung von Fahrzeugen sowie Probefahrten der Hersteller von Fahrzeugen, die jeweils im Rahmen der Nummern 1 bis 5 eingesetzt werden, und
7. Winterdienst.

Sobald nun die erforderliche Fahrerlaubnisklasse für ein zu prüfendes Kraftfahrzeug bestimmt werden konnte, folgt der Abgleich mit der Fahrerlaubnis des Kraftfahrzeugführers. Bei vorliegenden Führerscheindokumenten neuer Art kann die jeweilige Klasse direkt der Rückseite, Ziffer 9, entnommen werden. Beachten Sie dabei Schlüsselzahlen und Befristungen.

Führerscheine „Alt“

Führerscheine älterer Art sind gemäß § 6 Abs. 6 FeV weiter zu prüfen. Dabei handelt es sich um Fahrerlaubnisse, die bis zum Ablauf des **15. Juli 2019** erteilt worden sind (Fahrerlaubnisse alten Rechts). Diese bleiben im Umfang der bisherigen Berechtigungen, wie er sich aus Anlage 3 ergibt, bestehen und erstrecken sich vorbehaltlich der Bestimmungen in § 76 auf den Umfang der ab dem 16. Juli 2019 geltenden Fahrerlaubnisse nach Abs. 1. Bereits umgeschriebene, alte Führerscheine entsprechen schon den aktuellen Bestimmungen. Folglich gilt es bei der Prüfung insbesondere auch hier auf ein Ausstellungsdatum vor/nach dem 15. Juli 2019 zu achten.

Somit können bei der Prüfung von Führerscheinen des „alten“ Rechts, deren Klasseninhalte aus **Anlage 3** zur FeV abgeleitet werden. Die Anlage 3 ist grob in zwei Abschnitte untergliedert: Abschnitt A behandelt dabei alte Fahrerlaubnisse aus der Bundesrepublik Deutschland, Abschnitt B hingegen solche aus der ehemaligen Deutschen Demokratischen Republik. In den einzelnen tabellarischen Darstellungen ist nun anhand des Datums nach der passenden, vorliegenden Fahrerlaubnis zu suchen. Einmal fündig geworden, kann nun aus der mittleren Spalte die entsprechende, aktuell zugeteilte Fahrerlaubnisklasse herausgelesen und mit der erforderlichen Klasse verglichen werden. Zu beachten sind auch hier mögliche Schlüsselzahlen in der letzten Spalte.

5.1 Beispiel: Prüfung „alter Führerschein“

Beispiel

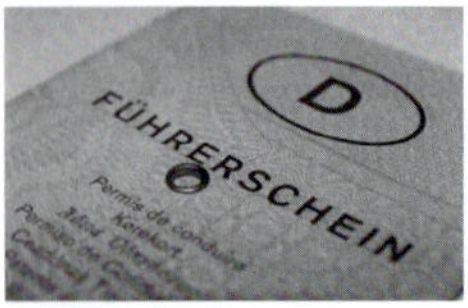

Quelle: pixabay.com

Der beispielhaft abgebildete Führerschein wurde am 3. März 1997 für die Klasse 3 erteilt. Der Inhaber führt ein Kraftfahrzeug Pkw, Volkswagen Polo 1.2 mit 60 PS und einer zulässigen Gesamtmasse (zGM) von 1.570 kg.

Für den vorliegenden Pkw VW Polo könnte gemäß § 6 Abs. 1 die Fahrerlaubnisklasse B einschlägig sein. Die Klasse B beinhaltet Kraftfahrzeuge – ausgenommen Kraftfahrzeuge der Klassen AM, A1, A2 und A – mit einer zulässigen Gesamtmasse von nicht mehr als 3.500 kg, die zur Beförderung von nicht mehr als acht Personen außer dem Fahrzeugführer ausgelegt und gebaut sind. Die Zugehörigkeit eines Pkw VW Polo zu den genannten A-Klassen scheidet aus, da hier insbesondere zwei- und dreirädrige Kraftfahrzeuge sowie leichte vierrädrige Kraftfahrzeuge erfasst werden. Üblicherweise sind Personenkraftwagen in der Größe des VW Polo zur Beförderung von maximal fünf Personen ausgelegt. Die zulässige Gesamtmasse liegt mit 1.570 kg ebenfalls unterhalb der geforderten Grenze von 3.500 kg. Folglich wird zum Führen des VW Polo eine Fahrerlaubnis der Klasse B gefordert.

Der vorgelegte Führerschein könnte ein Fahrerlaubnisdokument „alter Art“ sein. Gemäß § 6 Abs. 6 FeV bleiben Fahrerlaubnisse, die bis zum Ablauf des 15. Juli 2019 erteilt worden sind (Fahrerlaubnisse alten Rechts), im Umfang der bisherigen Berechtigungen, wie er sich aus der Anlage 3 ergibt, bestehen und erstrecken sich vorbehaltlich der Bestimmungen in § 76 auf den Umfang der ab dem 16. Juli 2019 geltenden Fahrerlaubnisse nach Absatz 1.

Bei dem vorgelegten Führerschein handelt es sich um einen Führerschein der Bundesrepublik Deutschland, erteilt für die Klasse 3 am 3. März 1997. Die weitere Prüfung des Führerscheins erfolgt somit gemäß Anlage 3 zur FeV. Nach der dortigen Tabelle A I, lfd. Nr. 19, entspricht die Klasse 3 dem Umfang der aktuellen Klassen: A, A1, AM, B, BE, C1, C1E, CE, L. Somit ist die erforderliche Klasse B im Umfang der vorgelegten Klasse 3 enthalten. Weitere Einschränkungen sind den Schlüsselzahlen der Tabelle bzgl. der Klasse B sowie dem § 76 FeV nicht zu entnehmen. Der Inhaber ist somit berechtigt, den o. g. VW Polo mit seinem Führerschein der Klasse 3 zu führen.

6 Auflagen und Beschränkungen

Die Grundlage für die Erteilung einer Auflage oder Beschränkung bildet seitens einer Fahrerlaubnisbehörde § 2 Abs. 4 StVG. Demnach ist geeignet zum Führen von Kraftfahrzeugen, wer die notwendigen körperlichen und geistigen Anforderungen erfüllt, nicht erheblich oder nicht wiederholt gegen verkehrsrechtliche Vorschriften oder gegen Strafgesetze verstoßen hat. Ist der Bewerber aufgrund körperlicher oder geistiger Mängel nur bedingt zum Führen von Kraftfahrzeugen geeignet, so erteilt die Fahrerlaubnisbehörde die Fahrerlaubnis mit Beschränkungen oder unter Auflagen, wenn dadurch das sichere Führen von Kraftfahrzeugen gewährleistet ist.

Die Regelung bietet somit Personen mit körperlichen oder geistigen Einschränkungen für sich und andere Verkehrsteilnehmer eine möglichst gefahrenfreie Teilnahme am Straßenverkehr.

Klausurtechnisch ist der § 2 Abs. 4 StVG als allgemeine Regelung zu vernachlässigen. Die spezialgesetzliche und somit zu prüfende Regelung wird in den §§ 23 Abs. 2, 46 Abs. 2 FeV genannt. Der Wortlaut beider genannter Absätze ähnelt sich, sodass deren Unterschied einer kurzen Erklärung bedarf:

§ 23 Abs. 2 FeV regelt die Möglichkeit für eine Fahrerlaubnisbehörde, bereits vor dem Erwerb einer Fahrerlaubnis eine Auflage oder Beschränkung zu erteilen. **§ 46 Abs. 2 FeV** ermöglicht dies nach Bekanntwerden der Ungeeignetheit im Nachhinein. Da dieser Zeitpunkt der Erteilung der Auflage oder Beschränkung jedoch bei der polizeilichen Kontrolle und Prüfung eines Führerscheins nicht ohne Weiteres festgestellt werden kann, werden beide Normen klausurtechnisch im Gleichklang geprüft.

Die Normen unterscheiden zwischen den Begriffen „Auflagen“ und „Beschränkungen“.

Definition

Auflagen verlangen vom Kraftfahrzeugführer ein bestimmtes Verhalten beim Führen eines Kraftfahrzeugs. Sie werden deswegen auch persönliche Auflage genannt. Dazu zählen beispielsweise:

- das Tragen einer Brille
- das Fahren bei Tageslicht
- das Tragen eines Hörgeräts
- das Fahren nur einer bestimmten Strecke
- die Nichtüberschreitung einer bestimmten Höchstgeschwindigkeit

Ansonsten ist er in der Wahl des zu nutzenden Kraftfahrzeugs völlig frei. Bei Erfüllung der Auflagen kann somit vom Umfang einer erteilten Fahrerlaubnisklasse vollständig Gebrauch gemacht werden.

Zur Eintragung einer Auflage in das Führerscheindokument sind durch die Fahrerlaubnisbehörde die in der Anlage 9 zur FeV festgelegten Schlüsselzahlen zu verwenden (§ 25 Abs. 3 FeV).

Verstoß

Beim **Verstoß** eines Kraftfahrzeugführers gegen eine angeordnete Auflage gilt jedoch zu beachten, dass Auflagen Nebenbestimmungen eines Verwaltungsaktes sind – hier also der Verwaltungsakt der Erteilung der Fahrerlaubnis. Auflagen sind damit eigenständige Verwaltungsakte gemäß § 36 Abs. 2 Nr. 4 VwVfG. Das hat zur Folge, dass bei einem Verstoß gegen eine Auflage der ursprüngliche Verwaltungsakt nicht angegriffen wird, also die Fahrerlaubnis als solche erhalten bleibt. Die Rechtsfolge ist somit keine Straftat im Sinne von § 21 StVG „Fahren ohne Fahrerlaubnis“, sondern „nur“ eine Ordnungswidrigkeit gemäß § 75 Nr. 9 FeV i. V. m. § 24 StVG.

Definition

Beschränkungen hingegen sind Forderungen, die sich an den technischen Zustand des Fahrzeugs richten. Sie werden deswegen auch gegenständliche Beschränkung genannt. Dazu zählen beispielsweise:

- Nutzung eines Kraftfahrzeugs mit
  - Automatikgetriebe
  - bzw. mit Handgas
  - bzw. mit Lenkhilfe

Die Beschränkung hindert den Fahrerlaubnisinhaber also an der freien Wahl seines Kraftfahrzeuges. Folglich ist der Kraftfahrzeugführer nicht Inhaber der vollständigen Fahrerlaubnisklasse.

Zur Eintragung einer Beschränkung in das Führerscheindokument sind durch die Fahrerlaubnisbehörde ebenfalls die in Anlage 9 zur FeV festgelegten Schlüsselzahlen zu verwenden (§ 25 Abs. 3 FeV).

Verstoß

Bei **Verstößen** gegen Beschränkungen gilt somit zu beachten, dass die Beschränkung eine Bedingung für das Zustandekommen des Verwaltungsaktes ist – sie ist somit ein integrativer Bestandteil dessen. Das hat zur Folge, dass bei einem Verstoß in der Regel keine erforderliche Fahrerlaubnis vorhanden ist. Als Rechtsfolge ist hier eine Straftat im Sinne von § 21 StVG „Fahren ohne Fahrerlaubnis“ im weiteren Verlauf zu prüfen.

Schlüsselzahlen

Bei den **Schlüsselzahlen** nach Anlage 9 zur FeV müssen Sie zudem die Schreibweise genau beachten: Sie können durch einen „Punkt“ spezialisiert werden, durch einen „Querstrich“ können Alternativen angegeben werden und durch ein „Komma“ erfolgt eine nebeneinander gültige Nennung. Beispiel für einen möglichen Eintrag in Ziffer 12 des Führerscheins: 01.01/01.02, 10, 15, 30.

„alte“ FS

Bei älteren Führerscheindokumenten wie dem „grauen“ oder „rosa“ Führerschein aus Papier erfolgte die Eintragung einer Auflage oder Beschränkung in Textform und kann somit direkt vom Dokument entnommen werden. Texteintragungen auf alten Führerscheindokumenten bleiben bis auf Weiteres gültig. Zu beachten ist hier jedoch eine Ausnahme: Der Eintrag auf alten Führerscheindokumenten „Die Prüfung wurde auf einem Kfz mit automatischer Kraftübertragung abgelegt“ ist nur als Hinweis und nicht als Beschränkung zu verstehen. Er hat rechtlich keine Relevanz. Der Inhaber ist uneingeschränkt Inhaber der jeweiligen Fahrerlaubnisklasse.

6.1 Begleitetes Fahren mit 17

BF 17

§ 6e StVG bietet dem Verordnungsgeber die Möglichkeit einer Regelung zum begleiteten Fahren bei den Fahrerlaubnisklassen B und BE. Die Umsetzung erfolgte seinerzeit durch § 48a FeV mit dem Ziel der Senkung des Unfallrisikos junger Fahranfänger. Dem folgend wurde das Mindestalter zum Erwerb der Fahrerlaubnisklasse B und BE mit Zustimmung eines gesetzlichen Vertreters gemäß § 10 FeV auf 17 Jahre gesenkt.

Durch den direkten Bezug zu § 6 FeV, hier den Klassen B und BE, wird deutlich, dass es sich um eine vollwertige, vollgültige Fahrerlaubnis handelt. Auch Probezeitregelungen finden ab Erteilung Anwendung.

Bei der klausurtechnischen Prüfung des begleiteten Fahrens mit 17 sind insbesondere die in § 48a Abs. 2 FeV sowie die in der Schlüsselzahl 184 genannten Auflagen zu beachten. Bis zur Vollendung des 18. Lebensjahres dürfen Kraftfahrzeuge der Klasse B (und, sofern in der Prüfungsbescheinigung nicht durchgestrichen, der Klasse BE) und der Klasse B mit der Schlüsselzahl 96 nur geführt werden

1. in Begleitung einer in der Prüfungsbescheinigung nach Anlage 8b namentlich benannten Person und
2. wenn die in der Prüfungsbescheinigung nach Anlage 8b namentlich benannte Person
   a) Inhaber einer gültigen Fahrerlaubnis der Klasse B oder einer entsprechenden deutschen, einer EU-/EWR- oder schweizerischen Fahrerlaubnis ist – die Fahrerlaubnis ist durch einen gültigen Führerschein nachzuweisen, der während des Begleitens mitzuführen und zur Überwachung des Straßenverkehrs berechtigten Personen auf Verlangen auszuhändigen ist –,
   b) nicht 0,25 mg/l oder mehr Alkohol in der Atemluft oder 0,5 Promille oder mehr Alkohol im Blut oder eine Alkoholmenge im Körper hat, die zu einer solchen Atem- oder Blutalkoholkonzentration führt, und
   c) nicht unter der Wirkung eines in der Anlage zu § 24a des Straßenverkehrsgesetzes genannten berauschenden Mittels steht. Nummer 2

Buchstabe c gilt nicht, wenn die Substanz aus der bestimmungsgemäßen Einnahme eines für einen konkreten Krankheitsfall verschriebenen Arzneimittels herrührt.

Nach Abs. 3 tritt die Prüfbescheinigung an die Stelle des Nachweises durch den Führerschein und unterliegt somit der Mitführ- und Aushändigungspflicht. Die Prüfbescheinigung ist bis drei Monate nach dem 18. Geburtstag gültig. Mit Vollendung des 18. Lebensjahres erlöschen die Auflagen und ein Führerschein ist zu beantragen.

Als mögliche Verstöße gegen § 48a FeV können vorkommen:

- Sie führen die Prüfungsbescheinigung nicht mit bzw. händigen sie auf Verlangen nicht aus – § 48a Abs. 3 i. V. m. § 75 FeV i. V. m. § 24 StVG.
- Sie führten ein Kraftfahrzeug der Klasse B oder BE ohne Begleitung durch eine namentlich benannte Person. § 48a Abs. 2 i. V. m. § 75 FeV i. V. m. § 24 StVG

Weitere mögliche Verstöße können nur mit den allgemeinen Tatbeständen zu den Auflagen aus den §§ 23, 46 FeV geahndet werden.

Beispiel

6.2 Beispiel: Prüfung „Auflage“

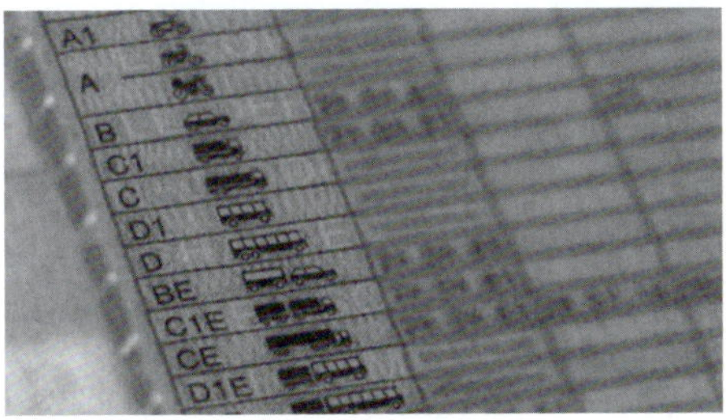

Quelle: Bundesdruckerei GmbH

Der Inhaber des links abgebildeten Führerscheins wird ohne irgendeine Sehhilfe kontrolliert. Auf dem dargestellten Führerschein wurde „01.06“ in Ziffer 12 eingetragen.

Der Inhaber des dargestellten Führerscheins könnte einen Verstoß gegen eine Auflage gemäß §§ 23 Abs. 2, 46 Abs. 2 FeV begangen haben. Demnach kann die Fahrerlaubnisbehörde die Fahrerlaubnis so weit wie notwendig beschränken oder unter den erforderlichen Auflagen erteilen, sollte der Inhaber nur bedingt zum Führen von Kraftfahrzeugen geeignet sein.

Eine Auflage verlangt vom Kraftfahrzeugführer ein bestimmtes Verhalten beim Führen eines Kraftfahrzeuges, Auflagen werden deswegen auch persönliche Auflagen genannt. Ansonsten ist der Führerscheininhaber vollumfänglich Inhaber der dargestellten Fahrerlaubnisklassen. Zur Eintragung einer Auflage in das Führerscheindokument sind durch die Fahrerlaubnisbehörde die in der Anlage 9 zur FeV festgelegten Schlüsselzahlen zu verwenden (§ 25 Abs. 3 FeV).

Nach Anlage 9 zur FeV lfd. Nr. 6 entspricht die oben eingetragene Schlüsselzahl „01.06“ dem Wortlaut „Brille oder Kontaktlinsen“. Vom Führerscheininhaber wird also das Verhalten gefordert, während des Führens eines Kraftfahrzeugs eine Brille oder Kontaktlinsen zur Korrektur des Sehvermögens zu tragen. Ansonsten ist er in der Wahl seines Kraftfahrzeugs frei und kann vollständig über seine erteilten Fahrerlaubnisklassen verfügen. Somit handelt es sich bei dem Eintrag um eine Auflage.

Auflagen sind Nebenbestimmungen eines Verwaltungsaktes – hier also der Verwaltungsakt der Erteilung der Fahrerlaubnis. Auflagen sind damit eigenständige Verwaltungsakte gemäß § 36 Abs. 2 Nr. 4 VwVfG. Das hat zur Folge, dass bei einem Verstoß gegen eine Auflage der ursprüngliche Verwaltungsakt nicht angegriffen wird, also die Fahrerlaubnis als solche erhalten bleibt. Durch das Nichttragen einer Sehhilfe begeht der o. g. Führerscheininhaber somit eine Ordnungswidrigkeit gemäß §§ 23 Abs. 2/46 Abs. 2 i. V. m. 75 Nr. 9 FeV i. V. m. 24 StVG.

7 Besondere Fahrerlaubnisse

Dienstfahrerlaubnis

7.1 Die Dienstfahrerlaubnis

Der Gesetzgeber hat mit § 2 Abs. 10 StVG dem Bund und den Ländern die Möglichkeit eingeräumt, für Bundeswehr, Bundespolizei und Länderpolizeien eine Dienstfahrerlaubnis zu erteilen. Die Zuständigkeit hierzu wird auf die jeweilige Institution übertragen und liegt somit nicht bei der Fahrerlaubnisbehörde. Das weitere Verfahren wird in § 26 FeV geregelt. Insbesondere ist die Dienstfahrerlaubnis bei der Bundeswehr gängig. Bei den Länderpolizeien wird diese Möglichkeit nur noch bedingt genutzt, so wird in auch Nordrhein-Westfalen hiervon kein Gebrauch gemacht.

Klausurtechnisch konzentriert sich die Prüfung einer Dienstfahrerlaubnis ausschließlich auf § 26 FeV und die dazugehörige Anlage 8 zur FeV. Dabei gilt, dass die Dienstfahrerlaubnis nur zum Führen von Dienstfahrzeugen und nur während der Dauer des Dienstverhältnisses besteht. In der Regel werden diese Voraussetzungen anhand von Sachverhaltsbeschreibungen oder Zulassungsbescheinigungen zu überprüfen sein. Weiter gilt zu beachten, dass die Dienstfahrerlaubnis erlischt, wenn die allgemeine Fahrerlaubnis entzogen wurde (§ 27 Abs. 4 FeV).

Der Klassenumfang kann i. d. R. aus § 6 Abs. 1 FeV übernommen werden. Bei spezifischen Fahrerlaubnisklassen, welche insbesondere durch die Bundeswehr erteilt werden können, wird der Klassenumfang aus Anlage 8 zur FeV herauszulesen sein. Beachten Sie auch hier die Gültigkeit/Verlängerung einer erteilten Fahrerlaubnisklasse.

Auch bei der Überprüfung von Dienstfahrerlaubnissen können ältere Führerscheindokumente von Relevanz sein.

„alter" Dienst-FS

Gemäß § 26 Abs. 1 FeV ergibt sich der Umfang einer „alten" Dienstfahrerlaubnis aus Anlage 10 zur FeV, wenn diese vor dem 19. Januar 2013 erteilt wurde. Der klausurtechnische Umgang mit Anlage 10 entspricht dem der bereits zuvor thematisierten Anlage 3 zu § 6 Abs. 6 FeV. Auch hier wird die entsprechende Fahrerlaubnisklasse aus der Tabelle herausgesucht und der analoge Umfang in einer aktuellen Klasse angegeben. Beachten Sie gegebenenfalls auch die dortigen Schlüsselzahlen.

Personenbeförderungsschein

7.2 Fahrerlaubnis zur Fahrgastbeförderung

Nur noch selten anzutreffen, aber dennoch existent, ist die Fahrerlaubnis zur Fahrgastbeförderung, auch Personenbeförderungsschein, genannt. Diese Fahrerlaubnis ist eine Ergänzung der Fahrerlaubnis aus § 6 FeV. Für sich allein berechtigt die Fahrerlaubnis nicht zum Führen von Kraftfahrzeugen.

Die Regelung aus § 48 FeV gibt zunächst einen Überblick über die Fahrten, die ergänzend eine solche Fahrerlaubnis benötigen. Zunächst handelt es sich dabei um Fahrten mit

1. Krankenkraftwagen, wenn entgeltlich oder geschäftsmäßig Fahrgäste befördert werden (min. 1 Gast),

2. Kraftfahrzeugen mit Fahrgästen, die eine Genehmigung nach dem Personenbeförderungsgesetz (PBefG) brauchen.

Definition

Als **Fahrgast** gilt dabei, wer sich von einer anderen Person (Fahrer) transportieren lässt.

Von diesen Fahrten **ausgenommen** werden allerdings gemäß Abs. 2:

1. Krankenkraftwagen der Bundeswehr, der Bundespolizei, der Polizei sowie der Truppe und des zivilen Gefolges der anderen Vertragsstaaten des Nordatlantikpaktes
2. Krankenkraftwagen des Katastrophenschutzes, wenn sie für dessen Zweck verwendet werden
3. Krankenkraftwagen der Feuerwehren und der nach Landesrecht anerkannten Rettungsdienste
4. Kraftfahrzeuge, mit Ausnahme von Taxen und Mietwagen, wenn der Kraftfahrzeugführer im Besitz der Klasse D oder D1 ist
5. Mietwagen, wenn der Kraftfahrzeugführer im Besitz der Klasse D oder D1 ist und der Ort des Betriebssitzes weniger als 50.000 Einwohner besitzt

Weitere Ausnahmen, insbesondere in Bezug auf Fahrten der Polizei, kommen aus der Freistellungsverordnung zum PBefG hinzu. Folglich bleiben zur o. g. Nr. 1 in der Regel nur noch Fahrten für Senioren- oder Krankentransporte übrig.

Die Regelung zur o. g. Nr. 2 macht es erforderlich, einen Blick in das Personenbeförderungsgesetz zu werfen, um die genehmigungspflichtigen Fahrten zu prüfen. Zusammengefasst zählen hierzu:

1. Taxen – § 47 Abs. 1 PBefG
2. Mietwagen – § 49 Abs. 4 PBefG (nicht: Selbstfahrervermietfahrzeuge)
3. Pkw im Linienverkehr, Bürgerbusse – § 49 Abs. 4 PBefG (als Linienverkehr gilt dabei eine regelmäßige Verkehrsverbindung zwischen bestimmten Ausgangs- und Endpunkten mit Haltestellen für Fahrgäste – § 42 PBefG)
4. Ausflugsfahrten mit Pkw – § 48 Abs. 1, 2 PBefG

Der Führerschein zur Fahrgastbeförderung entspricht dem Muster der Anlage 8 zur FeV. Er ist gemäß § 48 Abs. 3 FeV mitzuführen und auf Verlangen auszuhändigen. Hier sind Gültigkeit und zugewiesene Fahrtzwecke zu beachten.

Verstöße

Beim Vorliegen eines **Verstoßes** gegen § 48 FeV kommen in polizeilichen Kontrollen folgende Ordnungswidrigkeiten gemäß bundeseinheitlichem Tatbestandskatalog in Betracht. Eine Straftat gemäß § 21 StVG kann tatbestandlich ausgeschlossen werden, da diese Erlaubnis nur ergänzend zur allgemeinen Fahrerlaubnis gilt.

- Sie befördern in dem Fahrzeug Personen ohne die erforderliche Fahrerlaubnis zur Fahrgastbeförderung – § 48 Abs. 1 i. V. m. § 75 FeV i. V. m. § 24 StVG.

- Sie befördern in dem Fahrzeug Personen, ohne den erforderlichen Führerschein zur Fahrgastbeförderung mitzuführen – § 48 Abs. 3 i. V. m. § 75 FeV i. V. m. § 24 StVG.
- Sie händigen auf Verlangen der zuständigen Person den erforderlichen Führerschein zur Fahrgastbeförderung nicht aus – § 48 Abs. 3 i. V. m. § 75 FeV i. V. m. § 24 StVG.

Eventuelle Verstöße gegen einen separaten Fahrzeughalter können gesondert geahndet werden.

8 Fahren ohne Fahrerlaubnis, Straftat – § 21 StVG

Im Anschluss an die o. g. Prüfungen zur Fahrerlaubnispflicht erfolgt eine kurze Prüfung einer möglichen Strafbarkeit gemäß § 21 StVG. Hierzu wird ein standardisiertes, strafrechtliches Prüfungsschema angewandt:

1. Obersatz
2. objektiver Tatbestand
3. subjektiver Tatbestand
4. Rechtswidrigkeit
5. Schuld
6. Ergebnis

Im objektiven Prüfungsteil kommen mehrere Varianten in Betracht. Wenn der Kraftfahrzeugführer nach o. g. Prüfung der Fahrerlaubnis

1. nicht im Besitz einer Fahrerlaubnis ist,
2. nicht im Besitz einer gültigen Fahrerlaubnis ist,
3. nicht im Besitz der erforderlichen Fahrerlaubnisklasse ist,
4. eine Beschränkung nicht beachtet,
5. einem Fahrverbot nach § 44 StGB (aufgrund einer Straftat) unterliegt,
6. der Führerschein gemäß § 94 StPO beschlagnahmt ist oder
7. einem Fahrverbot nach § 25 StVG (Owi) unterliegt.

Unter Verweis auf den vorangegangenen Prüfungen muss nur eine der Tatbestandsvarianten geprüft werden.

Im subjektiven Teil kommen Vorsatz oder Fahrlässigkeit in Betracht.

Beachten Sie, dass eine separate Strafbarkeit für den Halter des Kraftfahrzeugs (Anordnen oder Zulassen) möglich ist. Hier stellt die Rechtsprechung strenge Anforderungen an den Halter. Bei der Übergabe eines Kraftfahrzeugs durch einen Halter muss der Führerschein des Fahrzeugführers grundsätzlich immer eingesehen werden. Ausnahmen können nur bei familiären oder längeren bekanntschaftlichen Beziehungen gemacht werden.

Im Ergebnis handelt es sich bei der Straftat gemäß § 21 StVG „Fahren ohne Fahrerlaubnis" um ein Vergehen und ein Offizialdelikt. Als Strafandrohung kommt eine Freiheitsstrafe bis zu einem Jahr oder eine Geldstrafe in Betracht.

III. Verkehrsdelikte

Prüfungsschema

1 Prüfungsschema

Die Prüfungsform im Hauptstudium 2 der Polizei NRW ändert sich im Regelfall alle zwei Jahre – von der Klausurbearbeitung zur Bearbeitung eines Aktenvermerkes zum Fachgespräch. Die schriftlichen Bearbeitungen der Prüfungsformen Klausur und Aktenvermerk unterscheiden sich grundsätzlich nicht. Die Bearbeitung erfolgt auch hier im Gutachtenstil bzgl. aller Tatbestandsmerkmale:

➔ Nennung der zu prüfenden Norm

➔ Definition notwendiger Begriffe

➔ Sachverhaltsanwendung (Subsumtion)

Die Bearbeitung einer Verkehrsstraftat erfolgt darüber hinaus in der Regel einem standardisierten, strafrechtlichen Prüfungsschema:

1. Obersatz
2. objektiver Tatbestand
3. subjektiver Tatbestand
4. Rechtswidrigkeit
5. Schuld
6. Ergebnis

Davon abweichend könnte gegebenenfalls die Prüfung einer Ordnungswidrigkeit infrage kommen – deren Ablauf sich aber kaum unterscheidet.

2 Unerlaubtes Entfernen vom Unfallort – § 142 StGB

2.1 Strafbarkeit nach Absatz 1

Die Norm enthält in den ersten beiden Absätzen zwei für sich stehende, aber voneinander abhängige Straftatbestände. Gemäß **Abs. 1** steht unter Strafe, wenn ein Unfallbeteiligter sich nach einem Unfall im Straßenverkehr vom Unfallort entfernt, bevor er

1. zugunsten der anderen Unfallbeteiligten und der Geschädigten die Feststellung seiner Person, seines Fahrzeugs und der Art seiner Beteiligung

durch seine Anwesenheit und durch die Angabe, dass er an dem Unfall beteiligt ist, ermöglicht hat oder

2. eine nach den Umständen angemessene Zeit gewartet hat, ohne dass jemand bereit war, die Feststellungen zu treffen.

Obj. TBM

Dem folgend müssen Sie in einer Prüfung folgende **objektive Tatbestandsmerkmale** prüfen:

- Öffentlicher Verkehrsraum
- Verkehrsunfall
- Unfallbeteiligter
- Unfallort
- fremdes Feststellungsinteresse
- sich entfernen
- Anwesenheits- oder Wartepflicht

Der Begriff des Straßenverkehrs entspricht vollumfänglich dem des bereits dargestellten **öffentlichen Verkehrsraums** siehe dazu b.

Definition

Ein **Verkehrsunfall** ist ein plötzliches, zumindest für einen Beteiligten ungewolltes Ereignis, das im ursächlichen Zusammenhang mit dem öffentlichen Straßenverkehr und seinen typischen Gefahren zu jedenfalls nicht gänzlich belanglosen fremden Sach- oder Körperschaden führt.

Hier sollten Sie insbesondere beachten, dass die o. g. Definition des Verkehrsunfalls rein strafrechtlicher Natur ist. Andere existierende Definition aus Erlassen oder sonstigen Regelungen weichen hiervon geringfügig ab und können somit für die korrekte Prüfung nicht verwendet werden.

Die weitere Prüfung erfolgt nun in kleinteiligen Schritten. Die Merkmale „**plötzlich**" und „**ungewollt**" machen deutlich, dass von den Beteiligten gemeinschaftlich manipulierte Verkehrsunfälle hier nicht zu subsumieren sind. Der **ursächliche Zusammenhang mit den typischen Gefahren des Straßenverkehrs** können Sie in der Regel gut festlegen, wenn Sie die Unfallursache, also der zugrunde liegende Verstoß für das Entstehen des Unfalls, klären. Die Gefahren des Straßenverkehrs werden üblicherweise in der Straßenverkehrsordnung geregelt. Ein Verstoß gegen diese Verordnung stellt also nachweislich den ursächlichen Zusammenhang dazu her. Wurde also ein Verkehrsunfall beispielsweise aufgrund eines Vorfahrtsverstoßes begangen, liegt der dafür ursächliche Verstoß wohl in § 8 StVO, also besteht auch ein ursächlicher

Zusammenhang mit den typischen Gefahren des Straßenverkehrs. Anders ist dies bei Unfallursachen außerhalb des Regelungsbereiches der StVO, wie beispielsweise durch

a) Umwelteinflüsse (umstürzende Bäume auf Fahrzeuge oder umherfliegende Dachziegel) oder
b) Pkw fährt gegen fliegende Drohne.

Zuletzt wird nun der entstandene Schaden geprüft. Als Varianten kommen hier **Körperschäden** oder **Sachschäden** in Betracht. Beide Schadensformen müssen für einen Täter des § 142 StGB **fremd** sein. Also wird der Eigenschaden hier ausgenommen. Bei Sachschäden kann das Merkmal „fremd" durch die bereits aus dem Strafrecht bekannte Definitionen geprüft werden. Fremd ist hier eine Sache dann, wenn sie nicht im Alleineigentum des Täters steht.

Die zu bemessende Schadenshöhe bemisst sich nach rein objektiven Erkenntnissen zum Unfallzeitpunkt (ex ante). Spätere Feststellungen von Beschädigungen, etwa in einer Werkstatt oder bei einem Gutachter, werden nicht in der Bemessung berücksichtigt. In der obergerichtlichen Rechtsprechung existieren verschiedene **Mindestschadenshöhen** für Sachschäden. Diese liegen zwischen ca. 25 € und 150 €. Zur vereinfachten Bearbeitung von Prüfungssachverhalten empfiehlt sich die Anwendung der untersten, bekannten Grenze.

Definition

Die Definition für einen **Unfallbeteiligten** findet sich im Gesetz selbst wieder. Gemäß § 142 Abs. 5 StGB ist dies jeder, dessen Verhalten nach den Umständen zur Verursachung des Unfalls beigetragen haben kann. Also gilt es in der Klausurbearbeitung herauszuarbeiten, ob ein Zusammenhang zwischen dem möglichen Täterverhalten und dem Unfall besteht. Auch hier erfolgt die Beurteilung aus der Verdachtslage zum Unfallzeitpunkt (ex ante). Der Verdacht ist ausreichend. Zu unterscheiden ist zwischen der **mittelbaren und unmittelbaren** Unfallbeteiligung. Bei der unmittelbaren Unfallbeteiligung handelt es sich um den klassischen Unfallablauf. Es gibt also beispielsweise einen Verursacher des Unfalls mit Eigenschaden und auf der anderen Seite einen Geschädigten. Die mittelbare Unfallbeteiligung gestaltet sich dagegen anders. Der Verursacher bleibt hier ohne Eigenschaden, hat aber durch sein ordnungswidriges Verhalten oder durch das Schaffen einer Gefahrenlage den Unfall verursacht. Dabei kann es sich beispielsweise um die Missachtung der Vorfahrt handeln, bei der es keinen direkten Kontakt mit dem Verursacherfahrzeug gegeben hat, oder dem Verursachen einer Ölspur mit anschließendem Unfallgeschehen. Als Merksatz für die Beteiligung an einem Unfall kann hier eine Aussage des OLG Stuttgart, DAR 2003 475, dienen: *„Wer sich ordnungsgemäß verhält und ohne Eigenschaden bleibt, ist kein Unfallbeteiligter."*

Definition

Ein **Unfallort** ist die Stelle, an der sich der Schadensfall zugetragen hat, die unmittelbare Umgebung, wo die Fahrzeuge zum Stehen gekommen sind oder hätten halten können, und der Bereich, in dem der Unfallbeteiligte von anderen Feststellungsberechtigten oder der Polizei vermutet oder gesucht würde. Folglich wird nicht nur der direkte Bereich des schädigenden Ereignisses zu betrachten sein, sondern gegebenenfalls auch das nähere Umfeld. Straßenbezeichnungen und bauliche Merkmale helfen Ihnen hier in der Regel bei der genauen Beschreibung und Abgrenzung.

Weiter muss ein **fremdes Feststellungsinteresse** bestehen, also der Wille eines Unfallbeteiligten oder sonstigen Geschädigten, dass der Unfall erfasst wird und somit ein möglicher, zivilrechtlicher Schadenersatz durchgeführt werden kann. Dies ist bei Unfallbeteiligten und sonstigen Geschädigten grundsätzlich immer zu bejahen. Kein fremdes Feststellungsinteresse kann nur in besonderen Konstellationen vorliegen oder angenommen werden. Es kann beispielsweise nicht bei Alleinunfällen vorliegen, wenn der Verursacher einen Eigenschaden hat und es keine weiteren Beteiligten oder Geschädigte gibt. Weiter fehlt ein Feststellungsinteresse auch bei ausdrücklichem Feststellungsverzicht. In der Praxis kann dies bei sehr geringen Schäden vorkommen. Die möglichen Unfallbeteiligten einigen sich also vor Ort darauf, dass der Schaden belanglos ist und kein Schadenersatz erfolgen muss. Ein Feststellungsverzicht ist bei Unfällen mit Minderjährigen allerdings nicht möglich. Der mutmaßliche Verzicht ist dabei wohl die problematischste Variante zum Fehlen des Feststellungsinteresses. Laut gängiger Rechtsprechung kann ein mutmaßlicher Verzicht nur bei engen bekanntschaftlichen oder verwandtschaftlichen Verhältnissen angenommen werden, also eventuell bei Unfällen mit engen Freunden oder Familienangehörigen. Eine Bewertung vor Ort und ohne weitere Ermittlungen wird hierbei aber wohl nur schwerlich möglich sein.

Definition

Die eigentliche Tathandlung der Unfallflucht liegt dann in dem Merkmal des **Sich Entfernens**. Es bedarf also einer Ortsveränderung durch den Tatverdächtigen, das heißt einer räumlichen Trennung zwischen dem Unfallbeteiligten und dem bereits o. g. Unfallort. Dieses objektive Tatbestandsmerkmal liegt laut BGH-Rechtsprechung vor, wenn der Unfallbeteiligte den engen räumlichen Zusammenhang zwischen seiner Person und dem Unfallort so weit aufgehoben hat, dass er unter Berücksichtigung der konkreten Umstände des Einzelfalls bei natürlicher Betrachtungsweise als nicht mehr am Unfallort anwesend bezeichnet werden kann.

Die Bewertung des Tatbestandsmerkmals erfolgt also in Abhängigkeit zu dem o. g. Unfallort. Ein „Sich Entfernen“ liegt demnach dann vor, wenn der Unfallbeteiligte sich so weit vom Unfallort entfernt hat, dass er einem Berechtigten seine Unfallbeteiligung nicht mehr mitteilen kann oder wenn er den Bereich verlassen hat, in dem ihn eine feststellungsbereite Person vermuten oder durch Befragen ermitteln würde.

Dabei ist ebenfalls festzustellen, dass der Unfallbeteiligte den Unfall auch bewusst erlebt und bemerkt haben muss, er muss also „live“ dabei gewesen sein. Wenn der Unfallbeteiligte den Unfall nachweislich nicht bemerkt hat, liegt ein sogenannter Tatbestandsausschluss (unvorsätzliches „Sich Entfernen“) vor, mit der Folge, dass eine Strafbarkeit nach Abs. 1 ausgeschlossen ist. Weiter besteht auch keine Nachholpflicht nach Abs. 2.

Hat ein Unfallbeteiligter den Unfall zunächst nicht bemerkt und wird später auf den Unfall hingewiesen, liegt ein strafbares „Sich Entfernen“ auch dann nicht vor, wenn er innerhalb eines zeitlich und räumlich engen Zusammenhangs Kenntnis vom Unfall erlangt.

Bei der Prüfung von Abs. 1 **Nr. 1** ist nun die **Anwesenheitspflicht** von Bedeutung. Diese beinhaltet eine Vorstellungspflicht und eine Feststellungsduldungspflicht. Die Vorstellungspflicht verlangt vom Unfallbeteiligten, sich aktiv als Unfallbeteiligter zu erkennen zu geben. Dabei ist er aber nicht verpflichtet, Angaben zum Unfallgeschehen zu machen. Die Feststellungsduldungspflicht hingegen verlangt die zumindest passive Duldung der Feststellungen bezüglich seiner Person (ladungsfähige Anschrift), seines Fahrzeugs (Typ, Hersteller, Kennzeichen, Schäden) und der Art seiner Beteiligung.

Die Prüfung von Abs. 1 **Nr. 2** legt den Schwerpunkt auf die **Wartepflicht** auf eine feststellungsbereite Person. Diese besteht folglich, wenn keine feststellungsbereiten Personen vor Ort sind oder diese Personen zwar anwesend, aber derzeit nicht imstande, fähig oder willens sind, die Feststellungen zu treffen. Vorliegen könnte dies bei Verletzungen, minderjährigen Unfallbeteiligten oder dem Willen, die Polizei zur Unfallaufnahme hinzuzuziehen. Ist die Wartepflicht einmal ausgelöst, stellt sich die Frage nach der Dauer des Wartens. Diese Dauer ist gesetzlich nicht bestimmt. Die Dauer der Wartepflicht richtet sich nach umfangreichen Umständen des Einzelfalls. Dabei von Bedeutung: Witterung, Tageszeit, Unfallörtlichkeit, Schwere des Unfalls, Verkehrsdichte, Zumutbarkeit und somit der Zeitpunkt des möglichen Erscheinens Feststellungsbereiter. Die Rechtsprechung hält beispielsweise bei Unfällen mit geringen Sachschadenshöhen eine Wartezeit von zehn bis fünfzehn Minuten für angemessen.

Der Unfallbeteiligte kann aber durch sein eigenes Verhalten nach dem Unfall die Dauer der Wartefrist beeinflussen. So kann insbesondere bei Unfällen im ruhenden Verkehr das **Hinterlassen eines Zettels** zu einer Verkürzung der Wartezeit führen. Der Zettel ersetzt die Wartezeit allerdings niemals vollständig. Zudem kann er auch nur zu einer Verkürzung führen, wenn er wahrheitsgemäße Angaben zu Fahrer und Fahrzeug enthält, die Nachricht den Empfänger auch erreicht und nachträgliche Feststellungen so ermöglicht werden.

Subjektiver Tatbestand

Bei der Prüfung des **subjektiven Tatbestandes** ist lediglich die Prüfung des mindestens bedingten Vorsatzes in Hinblick auf die objektiven Merkmale nötig. Beachten Sie jedoch die Möglichkeit eines Tatbestandsirrtums – § 16 StGB.

Die Prüfung von **Rechtswidrigkeit** und **Schuld** erfolgt im Rahmen der gängigen strafrechtlichen Lehre an der Hochschule.

2.2 Strafbarkeit nach Absatz 2

Eine Strafbarkeit nach **Absatz 2** kommt infrage, wenn sich ein Unfallbeteiligter

1. nach Ablauf der Wartefrist (Absatz 1 Nr. 2) oder
2. berechtigt oder entschuldigt

vom Unfallort entfernt hat und die Feststellungen nicht unverzüglich nachträglich ermöglicht. Durch diesen Wortlaut knüpft die klausurtechnische Prüfung des Absatzes 2 an eine Prüfung des Absatzes 1 an, wenn dessen Strafbarkeit aufgrund der positiv eingehaltenen Wartefrist oder eben aufgrund des Vorliegens von Rechtfertigungs- oder Entschuldigungsgründen nicht erfüllt ist.

In diesen Fällen muss zur Erfüllung der ersten beiden Tatbestandsalternativen aus den Nummern 1 und 2 zunächst auf die jeweils vorangegangene Prüfung verwiesen werden. Hinzu kommt nun ergänzend die gutachterliche Untersuchung des objektiven Tatbestandsmerkmals, ob die **Feststellungen unverzüglich nachträglich ermöglicht** wurden.

Der Umfang dieser Feststellungen entspricht dem aus Absatz 1. Die Strafnorm selbst gibt allerdings den Rahmen dieser Ermöglichung in Absatz 3 vor. Demnach kommt der Unfallbeteiligte dieser Norm nach, wenn er den Berechtigten

(Abs. 1 Nr. 1) oder einer nahe gelegenen Polizeidienststelle mitteilt, dass er an dem Unfall beteiligt gewesen war, und wenn er seine Anschrift, seinen Aufenthalt sowie das Kennzeichen und den Standort seines Fahrzeugs angibt und dieses zu unverzüglichen Feststellungen für eine ihm zumutbare Zeit zur Verfügung hält. Dies gilt nicht, wenn er durch sein Verhalten die Feststellungen absichtlich vereitelt. Grundsätzlich ist es dem Unfallbeteiligten somit freigestellt, ob er die Feststellungen gegenüber der Polizei oder den anderen Beteiligten gegenüber direkt ermöglicht. Jedoch wird es in der praktischen Anwendung regelmäßig an den Kontaktdaten der anderen Beteiligten vor Ort mangeln, sodass der Weg zur Polizei der naheliegendere Fall sein wird.

Definition

Unverzüglich bedeutet in diesem Zusammenhang, dass die erforderlichen Feststellungen ohne schuldhafte Verzögerung ermöglicht werden müssen. Somit hat der Unfallbeteiligte grundsätzlich sofort nach dem Verlassen der Unfallstelle mit der Kontaktaufnahme zur Polizei oder den anderen Beteiligten zu beginnen. Durch die ständige Erreichbarkeit (24 h) von Polizeidienststellen wird hier somit der Toleranzzeitraum als eher gering auszulegen sein.

Eine Ausnahme stellt hier lediglich die Regelung aus Absatz 4 dar, wonach das Gericht die Strafe mildert oder von Strafe absehen kann, wenn der Unfallbeteiligte innerhalb von vierundzwanzig Stunden nach einem Unfall, der außerhalb des fließenden Verkehrs geschah und ausschließlich nicht bedeutenden Sachschaden zur Folge hatte, freiwillig die Feststellungen nachträglich ermöglicht. Für die Polizei bleibt diese Ausnahme jedoch somit ohne Bedeutung.

Die sich anschließende Prüfung des subjektiven Tatbestandes, der Rechtswidrigkeit und der Schuld können Sie den obigen Ausführungen zu Absatz 1 entnehmen.

Beispiele

2.3 Beispiele

Beispiele, die eine Prüfung von Absatz 2 erforderlich machen, können sein:

- verletzter Unfallbeteiligter kommt ins Krankenhaus/versorgt sich selbst/Begleitung derer
- Anweisungen der Polizei zur Unfallaufnahme einen anderen Ort aufzusuchen
- Bedrohungen am Unfallort
- Pflichtenkollisionen durch:
  - unterlassene Hilfeleistung – § 323c StGB

  - Fluglotse versäumt seinen Dienst
  - Fahrplaninteressen des ÖPNV
  - beamtenrechtliche und militärische Pflichten
- Explosionsgefahren am Unfallort
- extreme Wetterlagen durch Kälte oder Regen
- unaufschiebbare Termine (Hochzeit, Examen etc.)
- Schuldunfähigkeit (Schock oder Alkohol)

3 Verbotene Kraftfahrzeugrennen – § 315d StGB

Diese noch recht junge Strafnorm trat nach der Zunahme von Raser-Szenen in Deutschland am 13. Oktober 2017 in Kraft. Als abstraktes Gefährdungsdelikt will es insbesondere die Sicherheit im Straßenverkehr schützen. Ein Zusammentreffen mit anderen Strafnormen, wie beispielsweise § 315c Abs. 1 Nr. 2 StGB oder auch den Tötungsdelikten, gilt es zu beachten. Nach Absatz 1 macht sich strafbar, wer im Straßenverkehr

1. ein nicht erlaubtes Kraftfahrzeugrennen ausrichtet oder durchführt,
2. als Kraftfahrzeugführer an einem nicht erlaubten Kraftfahrzeugrennen teilnimmt oder
3. sich als Kraftfahrzeugführer mit nicht angepasster Geschwindigkeit und grob verkehrswidrig und rücksichtslos fortbewegt, um eine höchstmögliche Geschwindigkeit zu erreichen.

3.1 Strafbarkeit nach Nr. 1

Die erste Tatbestandsvariante enthält somit die objektiven Tatbestandsmerkmale

Obj. TBM

- Straßenverkehr
- Kraftfahrzeugrennen
- nicht erlaubt
- ausrichten oder durchführen

Der Begriff des Straßenverkehrs wird durch den öffentlichen Verkehrsraum definiert. Begriffsbestimmungen und Erläuterungen können dem Kapitel „Grundsatz des Fahrerlaubnisrechts“ entnommen werden.

Definition

Nach Verwaltungsvorschrift zur StVO zu § 29 sind **Kraftfahrzeugrennen** Wettbewerbe oder Teile eines Wettbewerbes (z. B. Sonderprüfung mit Renncharakter) sowie Veranstaltungen zur Erzielung von Höchstgeschwindigkeiten oder höchsten Durchschnittsgeschwindigkeiten mit Kraftfahrzeugen (z. B. Rekordversuch). Auf die Art des Starts (gemeinsamer Start, Gruppen- oder Einzelstart) kommt es nicht an. Kraftfahrzeuge sind gemäß § 1 Abs. 2 StVG solche Landfahrzeuge, die durch Maschinenkraft fortbewegt werden und nicht an Bahngleise gebunden sind.

Ein Rennen erfordert nicht zwingend die Erzielung von absoluten Höchstgeschwindigkeiten, es reicht auch aus, dass auf kurzer Strecke das Beschleunigungspotenzial der Fahrzeuge verglichen wird, wie bei sogenannten Sprintrennen oder Ampelrennen.

Gemäß § 29 Abs. 2 StVO wird für ein rechtmäßig ausgetragenes Rennen eine Erlaubnis nötig. Diese kann durch die Straßenverkehrsbehörde gemäß § 46 StVO erteilt werden. Liegt eine solche Erlaubnis folglich nicht vor, ist das Rennen auch **nicht erlaubt** im Sinne der Strafnorm.

Definition

Eine förmliche Definition für das Merkmal des **Ausrichten**s ist noch nicht erfolgt. Jedoch soll sich diese Tatvariante an den Planer, Urheber, Organisator oder Veranstalter eines Rennens richten. Als Veranstalter gilt derjenige, der die Veranstaltung vorbereitet, organisiert oder eigenverantwortlich ins Werk setzt.

Die zweite Tatvariante des **Durchführen**s richtet sich dagegen an Hilfspersonen des Rennens und begründet somit die Strafbarkeit einer Beteiligung von anderen als den teilnehmenden Fahrern während des Rennens. Diese Tatalternative umfasst somit jegliche praktische Hilfstätigkeiten im Stadium der Durchführung des Rennens, wie etwa das Markieren einer Ziellinie oder das Geben von Start- oder Zielsignalen.

Die Begehung der Tatvarianten nach Nr. 1 ist ausschließlich **vorsätzlich** möglich.

3.2 Strafbarkeit nach Nr. 2

Ergänzend kommen in **Nr. 2** folgende objektive Tatbestandsmerkmale zur Prüfung:

Obj. TBM

- Straßenverkehr (Ausführungen dazu: siehe oben)
- Kraftfahrzeugführer
- Kraftfahrzeugrennen (Ausführungen dazu: siehe oben)
- nicht erlaubt (Ausführungen dazu: siehe oben)
- Teilnehmer

Die Strafvorschrift aus Nr. 2 richtet sich nun an den Teilnehmer des Kraftfahrzeugrennens und knüpft damit an den Inhalt der Nr. 1 an. Zunächst gilt es zu prüfen, ob neben den gleichlautenden Tatbestandsmerkmalen aus Nr. 1 auch ein Kraftfahrzeugführer an dem Rennen teilnimmt.

Ausführungen zum objektiven Tatbestandsmerkmal des **Kraftfahrzeugführers** können dem Kapitel „Grundsatz des Fahrerlaubnisrechts" entnommen werden.

Definition

Wer als **Teilnehmer** eines Kraftfahrzeugrennens gilt, ist (noch) nicht abschließend definiert. Dem Wortsinn nach dürfte darunter jeder zu verstehen sein, der in der Absicht zu gewinnen bei dem Wettbewerb mitfährt und sich dabei mit anderen misst. Unklar ist dabei derzeit vor allem, ab wann die Teilnahme beginnt, also ob das Stehen am Start bereits für die Erfüllung der Teilnahme ausreichend ist.

Bei tateinheitlicher Begehungsweise von Nr. 1 und Nr. 2, also als Ausrichter eines Kraftfahrzeugrennens und auch als Teilnehmer, tritt Nr. 1 hinter Nr. 2 zurück.

Die Begehung der Tatvarianten nach Nr. 2 ist ebenfalls ausschließlich vorsätzlich möglich.

3.3 Strafbarkeit nach Nr. 3

Obj. TBM

Die Tatvariante nach Nr. 3 beinhaltet das sogenannte „Einzelrennen" oder auch „Alleinrennen". Der bereits oben thematisierte Wettbewerbscharakter entfällt somit. Es kommen folgende objektive Tatbestandsmerkmale zur Prüfung:

- Straßenverkehr (Ausführungen dazu: siehe oben)
- Kraftfahrzeugführer (Ausführungen dazu: siehe oben)
- nicht angepasste Geschwindigkeit
- grob verkehrswidrig und rücksichtslos
- fortbewegen
- höchstmögliche Geschwindigkeit

In Anlehnung an § 3 Abs. 1 StVO hat ein Fahrzeugführer innerhalb der zulässigen Höchstgeschwindigkeit die gefahrene **Geschwindigkeit** insbesondere den Straßen-, Verkehrs-, Sicht- und Wetterverhältnissen sowie seinen persönlichen Fähigkeiten **anzupassen**. Demnach ist eine gefahrene Geschwindigkeit also angemessen zu reduzieren, wenn sich Einflüsse derart negativ auswirken könnten, dass das Fahrzeug nicht mehr sicher gesteuert oder zum Stillstand gebracht werden kann.

Beispiele

Beispiele: Regen, Hagel, Nebel, körperliche Einschränkungen, Fahrbahnverlauf, Einflüsse durch Mitfahrer, genutztes Fahrzeug, Verkehrsaufkommen etc.

Die reine Überschreitung einer zulässigen Höchstgeschwindigkeit reichte bislang für die Erfüllung dieses Tatbestandsmerkmals nicht aus, es mussten weitere Faktoren hinzukommen, die die nicht mehr sichere Beherrschung des Fahrzeugs begründen. Anders lautet hingegen die aktuelle Rechtsprechung des BGH, wonach unter Auslegung der Strafnorm auch Überschreitungen der in § 3 Abs. 3 StVO geregelten allgemeinen Höchstgeschwindigkeiten hinzuzählen.

Weiterhin muss die Fortbewegung grob verkehrswidrig und rücksichtslos erfolgen. Diese Merkmale werden bewusst der Formulierung aus § 315c StGB entnommen. Auch wenn die Merkmale in der Regel im Einklang genannt werden, erfolgt deren Prüfung separat. Zur Erfüllung der Straftat müssen diese nebeneinander vorliegen.

Definition

Als **grob verkehrswidrig** ist ein Verhalten zu beurteilen, das objektiv einen schweren Verkehrsverstoß darstellt und die Verkehrssicherheit in besonders schwerem Maße beeinträchtigt. Dies ist immer auf die konkrete Situation zu beziehen und kann einschlägig sein, wenn das Verhalten des Täters in besonders gefährlicher Weise von einem pflichtgemäßen Handeln abweicht. Objektiv kann das Fehlverhalten des Täters erkannt werden, wenn es einen groben Verstoß gegen einschlägige Verkehrsregeln, also insbesondere gegen die Regeln der StVO, darstellt. In der Praxis kann hier als Gradmesser die

Bußgeldkatalogverordnung herangezogen werden. Die hier als nicht mehr geringfügig eingestuften Ordnungswidrigkeiten im Straßenverkehr, oftmals als kombinierte Verstöße im Bußgeldbereich über 55 €, dürften die Grundlage für eine grobe Verkehrswidrigkeit legen.

Beispiele

Beispiele:

- Missachtung eines Rotlichts, dabei Querverkehr uneinsehbar
- das sogenannte „Kolonnenspringen" (Überholen einer vorausfahrenden Fahrzeugkolonne und z. B. Hineindrängen zwischen die Fahrzeuge) unter Gefährdung des überholten oder entgegenkommenden Fahrzeugs
- das sofortige Hinüberwechseln auf die Überholspur beim Auffahren auf eine Autobahn unter Gefährdung eines herannahenden Fahrzeugs
- die Überschreitung der Höchstgeschwindigkeit um das Doppelte
- das Überholen unter Benutzung von Gehwegen

Definition

Das Merkmal der **Rücksichtslosigkeit** hingegen ist grundsätzlich ein subjektives Tatbestandsmerkmal. Damit das Merkmal allerdings nicht aus dem Zusammenhang der Gesamtprüfung gerissen wird, hat sich in der verkehrsstrafrechtlichen Prüfung bewährt, die Prüfung auch im objektiven Teil vorzunehmen.

Die Rücksichtslosigkeit erfasst eine gesteigerte Vorwerfbarkeit. Diese kann sowohl ein vorsätzliches als auch ein fahrlässiges Handeln beinhalten. Bezüglich des Vorsatzes handelt rücksichtslos, wer sich aus eigensüchtigen Gründen, insbesondere um seines schnelleren Vorwärtskommens willen, über seine ihm bewussten Pflichten gegenüber anderen Verkehrsteilnehmern hinwegsetzt. In Bezug auf die Fahrlässigkeit tut dies, wer aus Gleichgültigkeit von vornherein Bedenken gegen sein Verhalten gar nicht erst aufkommen lässt und unbekümmert um die Folgen seiner Verhaltensweise einfach drauflosfährt.

Kern der Bewertung wird also sein, dass es dem Täter relativ egal erscheint, wie sich sein Fahrverhalten auf andere Verkehrsteilnehmer auswirkt. Insbesondere bei der bewussten Gefährdung anderer können Sie die Rücksichtslosigkeit einfach begründen.

Abschließend muss der Täter in der Absicht handeln, die **höchstmögliche Geschwindigkeit** zu erreichen. Mit dieser Formulierung wird der Bezug zum Kraftfahrzeugrennen deutlich. Es geht bei der Begründung somit nicht schlicht um Überschreitungen von Höchstgeschwindigkeiten, sondern vielmehr darum, dass die gefahrene Geschwindigkeit mit der in einem Rennen vergleichbar ist. Ein Anhaltspunkt wäre, dass der Täter das Fahrzeug und seine Fahrfähigkeiten in den Grenzbereich bringt.

Diese Absicht des Täters muss nicht der Hauptbeweggrund des Handelns sein. Es reicht vielmehr aus, dass der Täter das Erreichen der situativen Grenzgeschwindigkeit als aus seiner Sicht notwendiges Zwischenziel anstrebt, um ein weiteres Handlungsziel zu erreichen. Dies hat zur Folge, dass auch sogenannte „**Polizeifluchtfälle**" von der Strafvorschrift erfasst werden.

Subjektiver Tatbestand

In allen Tatvarianten wird **Vorsatz** bezüglich sämtlicher Tatbestandsmerkmale vorausgesetzt. Bedingter Vorsatz ist ausreichend. Nr. 3 verlangt zusätzlich **Absicht** bzgl. des Erreichens der höchstmöglichen Geschwindigkeit (vgl. oben).

3.4 Qualifikationstatbestände

Eine Qualifikation ist ausschließlich in den Fällen der Tathandlungen nach den o. g. Nr. 2 und Nr. 3 möglich. **§ 315d Abs. 2 StGB** nennt dabei zunächst die kausal resultierende Gefährdung.

Definition

Diese **Individualgefahr** muss für Leib oder Leben eines anderen Menschen oder für fremde Sachen von bedeutendem Wert vorliegen. Diese liegt vor, wenn nach allgemeiner Lebenserfahrung die im Einzelfall zu beurteilende Gefahr so nahe liegt, dass sie unmittelbar auf einen Unfall hindeutet, wenn keine plötzliche Wendung eintritt. Die Sicherheit einer bestimmten Person oder einer fremden Sache muss so stark beeinträchtigt sein, dass es nur vom Zufall abhängt, ob das Rechtsgut verletzt wird oder nicht.

Es kommen hier sowohl bewegliche als auch unbewegliche Sachen, die nicht im Eigentum des Täters stehen, in Betracht. In Anlehnung an die bereits etablierte Rechtsprechung zum § 315c StGB wird hierbei ein Verkehrswert der fremden Sache von mindestens 750 € dieser Gefahr auszusetzen sein. Beifahrer sind grundsätzlich erfasst, kommen diese jedoch als mitfahrende Teilnehmer an einem Kraftfahrzeugrennen (wie Gehilfen oder Anstifter) in Betracht, werden sie hierunter nicht summiert, ebenso wenig ein vom Täter genutztes Fahrzeug oder Fahrzeuge anderer Rennteilnehmer.

Diese Gefährdung wird sowohl **vorsätzlich** als auch **fahrlässig** (Absatz 4) von der Strafbarkeit erfasst.

Eine weitere Stufe der Qualifikation findet sich in **Absatz 5** der Norm. Die hier erfasste **Erfolgsqualifikation** liegt vor, wenn sich die in Absatz 2 genannte Gefährdung in

- dem Tod eines anderen Menschen,
- einer schweren Gesundheitsschädigung eines anderen Menschen
- oder einer Gesundheitsschädigung einer großen Zahl anderer Menschen

manifestiert. Der Begriff der schweren Gesundheitsschädigung ist grundsätzlich wie derjenige der schweren Körperverletzung zu sehen. Die Gesundheit ist also vor allem dann schwer geschädigt, wenn einer der in § 226 StGB beschriebenen Körperschäden eingetreten ist. Zudem werden aber auch sehr ernsthafte und langwierige Krankheitsverläufe von vergleichbarer Schwere erfasst, etwa Organverluste.

Der Begriff der großen Anzahl von Menschen ist nicht weiter definiert. In der herrschenden Literatur wird hier allerdings die Anzahl eher im zweistelligen Bereich zu finden sein.

Im subjektiven Teil genügt die Begründung von **Fahrlässigkeit** bzgl. der schweren Folge.

4 Gefährliche Eingriffe in den Straßenverkehr – § 315b StGB

Dieses konkrete Gefährdungsdelikt dient der Unterbindung **verkehrsfremder Eingriffe** in Abgrenzung zu § 315c StGB. Dadurch sollen die Güter Leib, Leben und Eigentum Dritter sowie die Verkehrssicherheit im öffentlichen Verkehrsraum geschützt werden.

In der Rechtsprechung hat sich die Prüfung der Norm in drei Schritten etabliert, wobei die Schritte zueinander in **kausalem Zusammenhang** („dadurch") stehen müssen.

- Tathandlung
    a. Anlagen oder Fahrzeuge zerstören, beschädigen oder beseitigen
    b. Hindernis bereiten
    c. einen ähnlichen, ebenso gefährlichen Eingriff vornehmen
- dadurch Beeinträchtigung der Verkehrssicherheit
- dadurch konkrete Gefährdung
    a. für Leib oder Leben eines anderen Menschen
    b. für fremde Sachen von bedeutendem Wert

Definitionen und Beispiele

Die **erste Tathandlung** bezieht sich auf das Zerstören, Beschädigen oder Beseitigen von Anlagen oder Fahrzeugen. Als **Anlagen** sind alle dem Verkehr und seiner Sicherung dienenden Vorrichtungen gemeint. Dazu können insbesondere Verkehrszeichen, Lichtsignalanlagen, Schutzplanken, Beleuchtungseinrichtungen oder die Fahrbahnoberfläche zählen.

Als **Fahrzeuge** kommen alle Beförderungsmittel auf dem Lande, außer die in § 24 Abs. 1 StVO genannten, in Betracht. Dazu zählen Fahrzeuge zum Personen- oder Gütertransport wie Kraftfahrzeuge, Busse, Straßenbahnen, Fahrräder, E-Scooter oder auch Fuhrwerke.

Unter dem Begriff **Zerstörung** ist die völlige Beseitigung der bestimmungsgemäßen Brauchbarkeit einer Sache gemeint. Darunter kann u. a. das Abknicken von Verkehrszeichen, das Sprengen von Brücken und Fahrbahnoberflächen oder das Zerschlagen einer Baustellenabsperrung gemeint sein. Für eine **Beschädigung** hingegen reicht die Beeinträchtigung der Funktion einer Sache aus, wobei die Beschaffenheit verletzt wird und die Sache somit ihrer Funktion nicht mehr nachkommen kann. Üblicherweise fällt darunter beispielsweise das Entfernen oder Lockern von Radmuttern, das Verdrehen von Verkehrszeichen oder das Durchschneiden von Bremsschläuchen. Beim **Beseitigen** einer Sache wird deren Funktion durch ein räumliches Entfernen aufgehoben. Also befindet sich die Sache nicht an ihrem Bestimmungsort, so beim Wegtragen von Absperrungen, beim Entfernen von Kanaldeckeln oder Mitnehmen von Warnleuchten und Verkehrszeichen.

Definitionen und Beispiele

In der alternativen **zweiten Tathandlung** geht es darum, ein Hindernis im Straßenverkehr zu bereiten. Ein **Hindernis** ist ein auf die Straße gebrachter, beweglicher oder statischer Gegenstand – aber auch Verschmutzungen und Benetzungen der Fahrbahn gehören dazu. Auch lebende Körper können darunter subsumiert werden. Dieses Hindernis muss die Eignung zur Störung, Hemmung oder Verzögerung des Verkehrsablaufs haben. Ein solches Hindernis kann beispielsweise das Errichten einer Straßensperre, das Stoßen einer Person auf die Fahrbahn, das Werfen von größeren Gegenständen auf die Fahrbahn, das Spannen eines Drahtseiles über die Fahrbahn oder das Umlegen eines Baumes über die Fahrbahn darstellen. Dabei gilt zu beachten, dass die Tathandlung auch durch Unterlassen verwirklicht werden kann. So könnte also auch das Hinterlassen einer Ölspur oder der Verlust von Ladung hinzuzuzählen. Entscheidend wird hier aber insbesondere die Prüfung des subjektiven Tatbestandes sein.

Definitionen und Beispiele

Die **dritte Tathandlung** gilt als Auffangtatbestand. Hier muss der erfolgte Eingriff in den Straßenverkehr **ähnlich und ebenso gefährlich** wie bei den zuvor genannten Tathandlungen sein. Folglich ist für eine Klausurprüfung eine Abgrenzung zu diesen notwendig. Es können somit nur Eingriffe erfasst sein, die ähnlich grob und gewichtig sind. Dazu kann beispielsweise das Ausstreuen von Nägeln o. Ä. auf die Fahrbahn, das absichtliche Blenden eines Kraftfahrers mit einem Spiegel oder Laserpointer sowie das Aufstellen falscher Zeichen oder Geben falscher Signale zählen.

Definition

Eine dieser Tathandlungen muss nun kausal für die **Beeinträchtigung der Verkehrssicherheit** sein. Diese Beeinträchtigung liegt vor, wenn die normale abstrakte Verkehrsgefahr so gesteigert worden ist, dass konkrete Gefahren deutlich wahrscheinlicher geworden sind und infolge der Auswirkungen des Eingriffs für andere Verkehrsteilnehmer eine gefahrlose Teilnahme am Straßenverkehr nicht mehr möglich ist. Ein konkreter Nachweis der Beeinträchtigung wird nicht gefordert, die generelle Eignung ist ausreichend. In der klausurtechnischen Prüfung wird regelmäßig die noch folgende konkrete Gefahr ausreichend für die Begründung sein.

Definition

Somit schließt sich kausal an, dass es zu einer **konkreten Gefahr** für Leib oder Leben eines anderen Menschen oder fremde Sachen von bedeutendem Wert kommt. Diese Individualgefahr liegt vor, wenn nach allgemeiner Lebenserfahrung die im Einzelfall zu beurteilende Gefahr so nahe liegt, dass sie unmittelbar auf einen Unfall hindeutet, wenn keine plötzliche Wendung eintritt. Die Sicherheit einer bestimmten Person oder einer fremden Sache muss so stark beeinträchtigt sein, dass es nur vom Zufall abhängt, ob das Rechtsgut verletzt wird oder nicht. Es kommen hier sowohl bewegliche als auch unbewegliche Sachen, die nicht im Eigentum des Täters stehen, in Betracht. In Anlehnung an die bereits etablierte Rechtsprechung zum § 315c StGB wird hierbei ein Verkehrswert der fremden Sache von mindestens 750 € dieser Gefahr auszusetzen sein.

Subjektiver Tatbestand

In allen Tatvarianten wird grundsätzlich **Vorsatz** bezüglich der Tathandlung vorausgesetzt. Allerdings kommen gemäß den Absätzen 4 und 5 auch **fahrlässige** Begehungsweisen in Betracht.

4.1 Sonderfall „Inneneingriff"

Beispiele

Einen Sonderfall der dritten Tathandlung stellt der von der Rechtsprechung konstruierte **Inneneingriff** dar. Hier erfolgt der Eingriff in den Straßenverkehr ausnahmsweise nicht von außerhalb des Verkehrsraums, sondern von einem Kraftfahrzeugführer während der Teilnahme am Straßenverkehr. Dieser Fall tritt ein, wenn das benutzte Fahrzeug zweckfremd benutzt wird. Der eigentliche Zweck eines Fahrzeugs ist die Fortbewegung von Personen oder Gütern – hier wird jedoch das Fahrzeug als Waffe oder Schädigungswerkzeug missbraucht, also verkehrsfeindlich eingesetzt. Als Beispiele können u. a. das absichtliche Rammen eines vorausfahrenden Fahrzeugs, um es zum Anhalten zu zwingen, das Zufahren eines Kraftfahrers auf einen Polizeibeamten, um ihn zur Freigabe des Weges zu bewegen oder das Anfahren mit Vollgas, um einen kontrollierenden Polizeibeamten, der sich in der Fahrzeugtür befindet, abzuschütteln, genannt werden.

Aufgrund der Besonderheit dieser Tatbestandsvariante in der dritten Tathandlung fordert die Rechtsprechung aber eine erweiterte Prüfung des subjektiven Tatbestandes. So ist bei einem möglichen Inneneingriff zudem ein **bedingter Schädigungsvorsatz** als subjektive Komponente erforderlich. Fahrlässigkeit scheidet hier somit aus.

4.2 Qualifikationstatbestände

Durch die Strafverschärfung gemäß § 315b Abs. 3 StGB erlangt das Vergehen nun einen Verbrechenscharachter. So sind für diese mögliche Qualifikation die Voraussetzungen des § 315 Abs. 3 StGB zu prüfen.

Handelt der Täter demnach

1. in der **Absicht** (subjektiv),
   a. einen **Unglücksfall** herbeizuführen oder
   b. eine **andere Straftat zu ermöglichen oder zu verdecken** oder
2. wird durch das Grunddelikt die Verursachung (objektiv) einer
   a. **schweren Gesundheitsschädigung** für einen Einzelnen oder
   b. eine **Gesundheitsschädigung** für eine große Anzahl von Menschen verwirklicht, tritt eine Strafverschärfung ein.

Ein **Unglücksfall** ist ein plötzlich auftretendes Ereignis, das eine erhebliche Gefahr für Menschen und Sachen mit sich bringt und den plötzlichen Eintritt des durch die Gefahr drohenden Schadens erwarten lässt – eine bloße Individualgefahr reicht nicht aus. Es muss dem Täter also gerade auf diesen Erfolg ankommen. Als Beispiel kann hier das absichtliche Überfahren einer Person genannt werden.

Als Verdeckung einer Straftat käme beispielsweise das Abdrängen eines Funkstreifenwagens, um eine Trunkenheitsfahrt oder einen Autodiebstahl zu verdecken, infrage.

Prüfungsschema

4.3 Prüfungsschema

Als grobes Prüfungsschema würde sich folgender Ablauf anbieten:

1. Straßenverkehr = öffentlicher Verkehrsraum
2. Tathandlung
    a. Anlagen oder Fahrzeuge zerstören, beschädigen oder beseitigen
    b. Hindernis bereiten
    c. ähnlicher, ebenso gefährlicher Eingriff
3. Beeinträchtigung der Sicherheit des Straßenverkehrs
4. Individualgefahr (konkrete Gefährdung)
5. Kausalität (doppelt)
6. subjektiver Tatbestand: Vorsatz/Fahrlässigkeit
    a. bei Inneneingriff: bedingter Schädigungsvorsatz
7. Rechtswidrigkeit/Schuld
8. ggf. Qualifizierung (Abs. 3)
    a. Absicht:
        i. Unglücksfall herbeiführen oder
        ii. das Ermöglichen einer Straftat oder Verdecken einer Straftat
    b. schwere Gesundheitsbeschädigung eines anderen Menschen oder
    c. eine Gesundheitsbeschädigung einer großen Zahl von Menschen
    d. Kausalität zwischen Tat und Folge

5 Trunkenheit im Verkehr – § 316 StGB

Die Trunkenheit im Verkehr gemäß § 316 StGB wird in der herrschenden Literatur als Grundtatbestand der Alkoholdelikte bezeichnet. Somit kommt diesem abstrakten Gefährdungsdelikt auch in der Klausurprüfung eine besondere Bedeutung zu. Bei Vorliegen von konkreten Gefährdungen wird § 316 StGB in der Regel durch § 315c StGB verdrängt.

Darüber hinaus handelt es sich um ein eigenhändiges Delikt: Als Täter kommt also nur der Fahrzeugführer in Betracht, mittelbare Täterschaft und Nebentäterschaft scheiden aus.

Der Grundtatbestand teilt sich in folgende objektive Tatbestandsmerkmale auf:

- öffentlicher Verkehrsraum
- das Führen eines Fahrzeugs
- Fahrunsicherheit infolge (Kausalität) des Genusses
  - alkoholischer Getränke oder
  - anderer berauschender Mittel

Zu leichten Irritationen kann die im Gesetzestext verwendete Formulierung „im Verkehr" führen. Durch den dortigen Verweis auf die §§ 315 bis 315e StGB wird deutlich, dass unter dem Begriff sämtliche Verkehrsarten summiert werden können, also auch etwa der Luftverkehr, Bahnverkehr oder eben der Straßenverkehr. Die klausurtechnische Prüfung wird sich jedoch in der Regel auf den Straßenverkehr beschränken, sodass die bekannte Definition für den **öffentlichen Verkehrsraum** (siehe Kapitel „Grundsatz des Fahrerlaubnisrechts") zur Anwendung kommt. Ebenso verhält es sich mit dem Begriff des **Führen**s, auch hier werden die o. g. und bereits bekannten Definitionen angewandt.

Definition

Auffällig erscheint hingegen, dass der Tatbestand auf sämtliche **Fahrzeug**arten, also nicht nur auf Kraftfahrzeuge, anwendbar ist. Als Fahrzeuge kommen alle Beförderungsmittel auf dem Lande, außer die in § 24 Abs. 1 StVO genannten, in Betracht. Dazu zählen Fahrzeuge zum Personen- oder Gütertransport wie Kraftfahrzeuge, Busse, Straßenbahnen, Fahrräder, E-Scooter oder auch Fuhrwerke.

Definition

Die beim Führen des Fahrzeugs vorzuliegende **Fahrunsicherheit** wurde über die letzten Jahre und Jahrzehnte durch die Rechtsprechung ausführlich beleuchtet. Hier wurde auch der analog dazu gültige Begriff der **Fahruntauglichkeit** geprägt. Als fahruntauglich oder fahrunsicher gilt, wenn die Gesamtleistungsfähigkeit des Fahrzeugführers so weit herabgesetzt ist, dass er nicht mehr fähig ist, sein Fahrzeug im Straßenverkehr eine längere Strecke auch bei Eintritt schwieriger Verkehrslagen sicher zu steuern.

Diese Fahruntauglichkeit kann aufgrund des **Genusses von alkoholischen Getränken oder berauschenden Mitteln** vorliegen. Ein solcher Genuss ist bereits gegeben, wenn die entsprechende Substanz, wie auch immer, dem Körper zugeführt wurde.

Zur weiteren Betrachtung der Fahruntüchtigkeit differenziert die Rechtsprechung zwischen Alkohol und berauschenden Mitteln.

Alkohol

Liegt der Genuss von Alkohol vor, wird der Begriff in die absolute und relative Fahruntüchtigkeit unterteilt.

Die **absolute Fahruntüchtigkeit** liegt vor, wenn ein Kraftfahrzeugführer einen Beweisgrenzwert (Mittelwert) von mindestens 1,1 Promille (Blutalkoholkonzentration – BAK) aufweist. Dabei ist es unbeachtlich, ob dieser Beweisgrenzwert zur Tatzeit oder bei der späteren Blutentnahme vorgelegen hat. Für das Führen von Fahrzeugen hingegen wurde bislang ein Beweisgrenzwert für die absolute Fahruntüchtigkeit nur in Bezug auf Fahrräder festgestellt. Dieser liegt hier bei 1,6 Promille (BAK). Weitere Fahrzeugarten sind somit derzeit nicht erfasst und bedürfen der Prüfung einer relativen Fahrunsicherheit.

Die **relative Fahrunsicherheit** ist auf der einen Seite abhängig von der Blutalkoholkonzentration und auf der anderen Seite von vorkommenden Ausfallerscheinungen. So wird eine aufwendigere Art des Nachweises nötig. Sie kommt insbesondere dann infrage, wenn der o. g. BAK-Wert für die absolute Fahruntüchtigkeit noch nicht erreicht wurde. Laut Rechtsprechung scheidet eine nur geringe Feststellung von Alkohol im Blut aus, so kommt eine Strafbarkeit unter 0,3 Promille (BAK) nicht infrage. Der BAK-Wert muss also hier zwischen 0,3 und 1,09 Promille liegen.

Zu diesem BAK-Wert müssen alkoholbedingte Ausfallerscheinungen hinzutreten. Allgemein betrachtet gilt es also festzustellen, ob eine nüchterne Person sich anders verhalten würde als die alkoholisierte. Dieses abweichende Verhalten können Sie sowohl anhand äußerer Umstände als auch in der Person des Täters feststellen.

Für die Gesamtbewertung gilt dabei immer: Je niedriger die BAK, desto höher die Anforderungen an die Ausfallerscheinungen!

Beispiele

Beispiele für Ausfallerscheinungen im Fahrverhalten:

- „Schlangenlinien fahren“
- Rammen anderer Fahrzeuge beim Rückwärtsfahren
- Fehlendes oder falsches Blinken beim Abbiegen, auch nicht den Blinker ausschalten
- Bremsvorgänge Vorausfahrender werden zu spät erkannt
- Permanentes Fahren mit Fernlicht
- Fahren mit stark überhöhter Geschwindigkeit

- Wiederholende Vorfahrtsverstöße
- Parken mit eingeschaltetem Fern- oder Abblendlicht
- Kurvenschneiden
- Fahrstreifen kann nicht gehalten werden, Fahren in der Mitte der Fahrbahn
- Überholen aus unübersichtlichen Stellen mit hoher Geschwindigkeit
- Falsches Befahren von Einbahnstraßen

Beispiele für Ausfallerscheinungen in der Person des Täters:

- Hemmungslosigkeit
- Aggression
- Einschlafen während des Gesprächs
- Lallende oder verwaschene Sprache
- Schwankender Gang
- Festhalten an Tür oder Fahrzeug

Berauschende Mittel

Bei der Feststellung der Fahruntüchtigkeit durch den Genuss von berauschenden Mitteln wurden bislang keine absoluten Beweisgrenzwerte festgelegt. Somit erfolgt hier die Begründung der Fahruntüchtigkeit immer analog zur o. g. relativen Fahruntüchtigkeit bezogen auf Alkohol. Insbesondere der Konsum von Drogen wie THC-haltigen Substanzen, Heroin oder Kokain sowie die Einnahme von Medikamenten sind hier von Bedeutung.

Kann somit ein berauschendes Mittel nachgewiesen werden, gilt es nun die rauschmittelbedingten Ausfallerscheinungen festzustellen. Diese können jedoch durch den Konsum von dämpfenden oder auch aktivierenden Substanzen sehr unterschiedlich ausfallen.

Die Fahruntüchtigkeit muss in allen Fällen infolge des jeweiligen Genusses eingetreten sein. Somit wird in der Klausurbearbeitung eine **Kausalitätsprüfung** gefordert.

Subjektiver Tatbestand

Im subjektiven Tatbestand kommt sowohl die Prüfung von Vorsatz als auch die Prüfung von Fahrlässigkeit gemäß § 316 Abs. 2 StGB in Betracht.

6 Gefährdung des Straßenverkehrs – § 315c StGB

Die Gefährdung des Straßenverkehrs im Sinne des § 315c StGB stellt im Gegensatz zu § 316 StGB ein konkretes Gefährdungsdelikt dar. Die Norm kann in drei für sich isoliert zu betrachtende Tatbestände unterteilt werden.

6.1 Strafbarkeit nach § 315c Abs. 1 Nr. 1a StGB

Die Strafbarkeit nach § 315c Abs. 1 Nr. 1a StGB dient als Qualifikationstatbestand für § 316 StGB. So müssen Sie folgende objektive Tatbestandsmerkmale einer Prüfung unterziehen:

1. Straßenverkehr = öffentlicher Verkehrsraum (siehe § 316 StGB)
2. Führen eines Fahrzeugs (siehe § 316 StGB)
3. Genuss von Alkohol oder anderen berauschenden Mitteln (siehe § 316 StGB)
4. infolgedessen Fahrunsicherheit (siehe § 316 StGB)
5. dadurch (Kausalität) konkrete Gefährdung
   a. von Leib oder Leben eines anderen
   b. fremde Sachen von bedeutendem Wert

Zur Prüfung des **Grunddeliktes des § 316 StGB** tritt somit eine **Individualgefahr (konkrete Gefahr)** hinzu. Diese muss ihren kausalen Ursprung in der geprüften Fahrunsicherheit haben.

Definition

Eine konkrete Gefahr liegt vor, wenn nach allgemeiner Lebenserfahrung die im Einzelfall zu beurteilende Gefahr so nahe liegt, dass sie unmittelbar auf einen Unfall hindeutet, wenn keine plötzliche Wendung eintritt. Die Sicherheit einer bestimmten Person oder einer fremden Sache muss so stark beeinträchtigt sein, dass es nur vom Zufall abhängt, ob das Rechtsgut verletzt wird oder nicht.

Tritt eine solche Gefahr für Leib oder Leben eines anderen Menschen ein, so ist hier jede andere Person, die nicht als Täter oder Teilnehmer bezeichnet werden kann, erfasst. Dazu zählen insbesondere auch Mitfahrer oder Beifahrer in Täterfahrzeugen.

Subjektiver Tatbestand

Bei einer Gefahr für fremde Sachen von bedeutendem Wert sind sowohl bewegliche als auch unbewegliche Sachen, die nicht im Eigentum des Täters stehen, erfasst. Nicht jedoch das vom Täter genutzte Fahrzeug als tatnotwendiges Mittel im Sinne der Nr. 1, selbst wenn es dem Täter nicht gehört. Der Verkehrswert der gefährdeten Sache wird durch die Rechtsprechung leicht differenziert betrachtet. Für die Klausurprüfung wird hier ein Mindestwert von 750 € anzunehmen sein. Häufig werden Klausursachverhalte so geschildert, dass bereits eine Schädigung (Verkehrsunfall) eingetreten ist. In diesen Fällen ist der entstandene Schaden regelmäßig als realisierte Gefahr anhand der o. g. Verkehrswertgrenze zu prüfen.

Im Bereich des subjektiven Tatbestandes kommen verschiedene Kombinationen infrage. So ist der subjektive Tatbestand einmal in Bezug auf das Grunddelikt, also die eingetretene Fahrunsicherheit, als auch auf die Individualgefahr hin zu prüfen. Grundsätzlich unter Strafe gestellt ist hier die Kombination Vorsatz/Vorsatz. Allerdings kommen gemäß § 315c Abs. 3 StGB auch die Kombinationen Vorsatz/Fahrlässigkeit und Fahrlässigkeit/Fahrlässigkeit in Betracht.

6.2 Strafbarkeit nach § 315c Abs. 1 Nr. 1b StGB

Diese Tatbestandsvariante bezieht sich ebenfalls zunächst auf die Prüfung einer Fahrunsicherheit, allerdings liegt hier kein Zusammenhang mit Alkohol oder anderen berauschenden Mitteln vor. Die Fahrunsicherheit beruht hier auf körperlichen und geistigen Mängeln. Diese werden als Grundtatbestand in § 2 FeV abschließend aufgegriffen. So können Sie § 315c Abs. 1 Nr. 1b StGB als Qualifikation einer Ordnungswidrigkeit im Sinne von §§ 2, 75 FeV, 24 StVG betrachten. Folgende objektive Tatbestandsmerkmals müssen Sie somit prüfen:

1. Straßenverkehr = öffentlicher Verkehrsraum (siehe § 316 StGB)
2. Führen eines Fahrzeugs (siehe § 316 StGB)
3. körperlicher oder geistiger Mangel
4. infolgedessen Fahrunsicherheit (siehe § 316 StGB)
5. dadurch (Kausalität) konkrete Gefährdung
   a. von Leib oder Leben eines anderen
   b. fremde Sachen von bedeutendem Wert

Unter dem Begriff der **körperlichen und geistigen Mängel** sollen sämtliche Krankheitsbilder und sonstigen Einschränkungen betrachtet werden, die die Verkehrstüchtigkeit eines Fahrzeugführers ständig oder auch nur vorübergehend und plötzlich beeinträchtigen. Insbesondere werden Mängel erfasst, die bereits einer Fahrerlaubnisbehörde bekannt sind und durch die Erteilung von Auflagen zur Fahrerlaubnis ausgeglichen werden sollen. So kommen hier in Betracht:

Beispiele

- Fahren trotz fehlender Brille oder anderer Sehhilfe
- Übermüdung
- hohes Fieber und starke Schmerzen
- Möglichkeit von Krampfanfällen oder Epilepsie
- starker Heuschnupfen
- Fahren trotz häufiger Ohnmacht
- Einschränkungen der Gliedmaßen (beispielsweise Gips oder Schiene an Arm oder Bein)
- Störung des Gleichgewichts
- akute Psychosen

Generell sollten Sie hier beachten, dass bei einem Zusammentreffen von körperlichen und geistigen Mängeln mit Alkohol oder anderen berauschenden Mitteln Nr. 1a als spezialgesetzliche Regelung zur Anwendung kommt.

Durch diese Mängel (Kausalität) kommt es zur Individualgefahr. Die Ausführungen dazu können Sie der o. g. Nr. 1a entnehmen.

Subjektiver Tatbestand

Ebenfalls müssen Sie die Prüfung des subjektiven Tatbestandes analog zur Nr. 1a durchführen.

6.3 Strafbarkeit nach § 315c Abs. 1 Nr. 2 StGB

Diese Straftat will besonders gefährliche Regelverletzungen im Straßenverkehr, die grundsätzlich in der Straßenverkehrsordnung (StVO) geregelt sind, bei Hinzutreten von Individualgefahren unter Strafe stellen. Um die Brisanz dieser Tatbestandsvarianten herauszustellen, werden diese in der herrschenden Literatur als die „7 Todsünden des Straßenverkehrs" bezeichnet. Die Prüfung dieser Tatbestände beinhaltet somit auch eine verhaltensrechtliche Betrachtung anhand der Grundverstöße aus der StVO.

Prüfungsablauf:

1. Straßenverkehr (siehe § 316 StGB)
2. Führen eines Fahrzeugs (siehe § 316 StGB)
3. grob verkehrswidrig und rücksichtslos

   a. die Vorfahrt nicht beachtet
   b. falsch überholt oder sonst bei Überholvorgängen falsch fährt
   c. an Fußgängerüberwegen falsch fährt
   d. an unübersichtlichen Stellen, an Straßenkreuzungen, Straßeneinmündungen oder Bahnübergängen zu schnell fährt
   e. an unübersichtlichen Stellen nicht die rechte Seite der Fahrbahn einhält
   f. auf Autobahnen oder Kraftfahrstraßen wendet, rückwärts oder entgegen der Fahrtrichtung fährt oder dies versucht oder
   g. haltende oder liegengebliebene Fahrzeuge nicht auf ausreichende Entfernung kenntlich macht, obwohl das zur Sicherung des Verkehrs erforderlich ist
4. dadurch (Kausalität) konkrete Gefährdung (siehe Nr. 1a)
   a. von Leib oder Leben eines anderen
   b. fremde Sachen von bedeutendem Wert

Der Begriff der **Vorfahrt** im Sinne des Buchstaben a ist umfangreicher zu betrachten als die Vorfahrtsregelung des § 8 StVO. So sollen hier auch alle anderen vorfahrtsähnlichen Sachverhalte subsumiert werden können. So kommt also die Prüfung folgender Normen der StVO hier in Betracht:

- § 8 StVO — Vorfahrtsverstöße des Wartepflichtigen
- § 18 Abs. 3 StVO — Vorfahrt der durchgehenden Fahrbahn
- § 6 StVO — Vorrang des Entgegenkommenden
- § 9 StVO — links abbiegen trotz Gegenverkehr
- § 10 StVO — Einfahren in den fließenden Verkehr
- § 19 StVO — Überqueren bei senkenden Schranken
- § 36 StVO — Missachten von Zeichen
- § 37 StVO — Rotlichtverstöße
- § 38 StVO — Missachtung eines mit blauem Blinklicht und Einsatzhorn fahrenden Polizeifahrzeugs

Als **falsches Überholen** im Sinne von Buchstabe b kann jedes verkehrswidrige Verhalten eines Überholvorganges bezeichnet werden. Dazu zählt somit der gesamte Überholvorgang: vom Ausscheren über die Durchführung bis zum Wiedereinscheren. Auch hier kommen verschiedene, weiter zu betrachtende Regelungen der StVO für die Prüfung infrage. Der Begriff des Überholens wird somit nicht auf die Inhalte des § 5 StVO beschränkt.

- § 5 StVO — Fehler beim Überholvorgang und beim Überholtwerden

- § 2 Abs. 1 StVO — Überholen über Sonderwege
- § 4 Abs. 1 StVO — Hineinzwängen nach Überholvorgang in den Sicherheitsabstand der Vorausfahrenden
- § 6 StVO — Fehler beim Vorbeifahren
- § 20 StVO — Fehler beim Vorbeifahren an Bussen
- § 26 Abs. 3 StVO — Fehler beim Überholen an Fußgängerüberwegen

Buchstabe c ist begrifflich nur an **Fußgängerüberwegen** anwendbar. Ein solcher liegt vor, wenn dieser gemäß Verkehrszeichen 293 markiert ist und/oder Verkehrszeichen 350 aufgestellt wurde („Zebrastreifen“). Somit scheiden Regelungen an anderen Überwegen, wie beispielsweise Fußgängerfurten, hier aus. Die Regelungen zum Fußgängerüberweg können Sie § 26 Abs. 1 und 3 StVO entnehmen.

Definition

Buchstabe d erfasst ein **zu schnelles Fahren an unübersichtlichen Stellen, Straßenkreuzungen, Straßeneinmündungen oder Bahnübergängen**. **Unübersichtlich** ist eine Straßenstelle dann, wenn die Fahrbahn durch die örtlichen Verhältnisse oder durch sonstige Gegebenheiten dauernder oder vorübergehender Art nicht vollständig überblickt werden kann und der Verkehrsteilnehmer Hindernisse infolgedessen nicht rechtzeitig bemerken und ihnen nicht sicher ausweichen kann. Dazu können zählen:

- Kuppen
- Häuser
- Bepflanzung
- Bebauung
- schlechte Beleuchtung
- Nebel
- Baustellen
- Dunkelheit
- parkende Fahrzeuge

Definition

Bei einer **Kreuzung** handelt es sich um eine gemeinsame Schnittfläche zweier oder mehrerer Straßen, wobei jede Straße über den Schnittpunkt hinaus fortgesetzt wird. Eine **Einmündung** hingegen ist das Zusammentreffen von Straßen mit nur einer Fortsetzung. Als **Bahnübergänge** werden solche gemäß § 19 StVO bezeichnet. Diese sind insbesondere an den aufgestellten Verkehrszeichen 151 und 156 erkennbar. Ein **zu schnelles Fahren** kann festgestellt werden, wenn infolge der Fahrgeschwindigkeit nicht mehr verkehrsgerecht reagiert werden kann. Dies ist vor allem durch die Verursachung von Verkehrsunfällen, aber auch durch Abwehrreaktionen wie Vollbremsungen oder starke Ausweichmanöver erkennbar.

Die o. g. unübersichtliche Straßenstelle wird wiederum in Buchstabe e aufgegriffen. Hier werden Verstöße an diesen Stellen gegen das **Rechtsfahrgebot** erfasst. So soll eine Prüfung erfolgen, ob möglichst weit rechts im Sinne von § 2 Abs. 2 StVO gefahren wurde. Verstöße können hier regelmäßig beim „Schneiden" von Kurven und dadurch die tatsächliche Benutzung der Gegenfahrbahn angenommen werden.

Definition

Falsche Verhaltensweisen bei der Benutzung von Autobahnen oder Kraftfahrstraßen werden in Buchstabe f erfasst. Dazu zählen das Wenden und Rückwärtsfahren, aber auch das Fahren entgegen der Fahrtrichtung – hier auch schon der Versuch. Zur Feststellung, ob eine Autobahn oder Kraftfahrstraße im Sinne von § 18 StVO vorliegt, kommt es auf die aufgestellten Verkehrszeichen 330 oder 331 an. Als **Wenden** wird die Richtungsänderung eines Fahrzeugs um 180 Grad auf baulich einheitlicher Fahrbahn bezeichnet. Ein **Rückwärtsfahren** ist das Fahren nach hinten im Rückwärtsgang (auch nur unter Ausnutzung der Schwerkraft), dabei muss der Wille zum Rückwärtsfahren am eingelegten Rückwärtsgang erkennbar sein. In der Praxis werden die aufleuchtenden Rückfahrscheinwerfer als Begründung ausreichend sein. Ein **Fahren entgegen der Fahrtrichtung** liegt unter anderem beim sogenannten „Geisterfahrer" oder „Falschfahrer" vor. Als Besonderheit ist hier zu beachten, dass der Versuch für die Tatbestandsmäßigkeit bereits ausreichend ist.

Buchstabe g richtet sich nicht zwingend an den Fahrzeugführer, sodass das einleitend dargestellte objektive Tatbestandsmerkmal des Fahrzeugführers hier nicht geprüft wird. Vielmehr kommt als Täter derjenige infrage, der mit den **Sicherungspflichten eines haltenden oder liegengebliebenen Fahrzeugs** beauftragt ist. So können für dieses Unterlassungsdelikt sowohl der Fahrzeugführer als auch ein mitfahrender Halter oder gar später eingetroffene Polizeibeamte als Täter infrage kommen. Erfasst wird hier die nicht auf ausreichende Entfernung gemachte Kenntlichmachung, obwohl das zur Sicherung des Verkehrs erforderlich gewesen wäre. Zur Beantwortung der Frage, anhand welcher Kriterien die Erforderlichkeit von Sicherungsmaßnahmen bewertet werden soll, dient folgende Auflistung von möglichen Kriterien:

- Tageszeit (insbesondere Dämmerung, Nacht)
- Witterung und Sicht

- Art der Straße (ein- oder mehrspurig, zulässige Geschwindigkeit)
- Verkehrsdichte
- Schäden am hindernden Fahrzeug, insbesondere Leuchtmittel

Die durchzuführenden Sicherungsmaßnahmen richten sich nach § 15 StVO. Dazu zählen insbesondere das Einschalten von Warnblinklicht sowie das Aufstellen des mitzuführenden Warndreiecks (bei schnellem Verkehr in 100 m Entfernung). Weitere Sicherungspflichten für haltende Kraftfahrzeuge nennt darüber hinaus § 17 Abs. 4 StVO, etwa die richtige Beleuchtung.

Diese Verstöße müssen für die Verwirklichung des Tatbestandes grob verkehrswidrig und rücksichtslos erfolgt sein. Grob verkehrswidrig stellt dabei ein objektives Tatbestandsmerkmal dar, Rücksichtslosigkeit hingegen ein subjektives.

Definition

Als **grob verkehrswidrig** ist ein Verhalten zu bezeichnen, das objektiv einen schweren Verkehrsverstoß darstellt und die Verkehrssicherheit in besonders schwerem Maße beeinträchtigt. Dies ist immer dann zu bejahen, wenn das Verhalten des Täters in besonders gefährlicher Weise von einem pflichtgemäßen Handeln abweicht und so einen groben Verstoß gegen einschlägige Verkehrsregeln darstellt. Das kann insbesondere angenommen werden, wenn eine Verkehrsvorschrift nicht beachtet wurde, die im § 315 c Abs. 1 Nr. 2 StGB als sogenannte „Todsünde" aufgezählt wird oder gar als kombinierter Verstoß mit einer Gefährdung oder Schädigung festgestellt werden kann. Als Anhalt können Sie zudem die Regelungen der Bußgeldkatalogverordnung heranziehen. Hier werden Verstöße unter anderem in geringfügige und nicht mehr geringfügige Ordnungswidrigkeiten unterteilt. Lässt sich also der Grundverstoß nach den o. g. Buchstaben a bis g als eine nicht mehr geringfügige Ordnungswidrigkeit einstufen, sollte dieser in der Regel auch als grob verkehrswidrig bezeichnet werden können.

Als Beispiele aus der Rechtsprechung gelten:

- Einfahren auf die Autobahn und sofortiges Hinüberwechseln auf die Überholspur
- Rückwärtsfahren auf einer Autobahn, um zu einer verpassten Auffahrt zu gelangen
- Wenden auf der Autobahn
- zu schnelles Heranfahren an Fußgängerüberwege
- Missachtung der Vorfahrt bei Rotlicht zeigender Lichtsignalanlage

- Kolonnenspringen
- Überschreitung der Höchstgeschwindigkeit um das Doppelte
- Überholen unter Benutzung des Gehweges

Definition

Die darüber hinaus geforderte **Rücksichtslosigkeit** wird auch als gesteigerte Vorwerfbarkeit bezeichnet. Sie ist somit als subjektives Tatbestandsmerkmal zu prüfen. Sie kann sowohl in vorsätzlicher als auch in fahrlässiger Begehungsweise vorliegen. Als rücksichtslos wird bezeichnet, wer sich aus eigensüchtigen Gründen, insbesondere um seines schnelleren Vorwärtskommens willen, über seine ihm bewussten Pflichten gegenüber anderen Verkehrsteilnehmern hinwegsetzt oder wer aus Gleichgültigkeit von vornherein Bedenken gegen sein Verhalten gar nicht erst aufkommen lässt und unbekümmert um die Folgen seiner Verhaltensweise „einfach drauflosfährt". So wird hier ein egoistisches Fahrverhalten gefordert, das Rechte und Pflichten anderer Verkehrsteilnehmer völlig außer Acht lässt. Darunter fallen vor allem Verhaltensweisen, um andere Verkehrsteilnehmer vermeintlich zu erziehen (Selbstjustiz).

Beispiele

In der Rechtsprechung wurde auch ein Ausscheren zum Überholen trotz Gefährdung des Gegenverkehrs, um aus nichtigem Anlass den Anschluss an einen ortskundigen Vorausfahrenden nicht zu verlieren, angenommen. Ebenso das Überholen aus Gedankenlosigkeit, sodass der Überholte dabei so stark geschnitten wird, dass er gestreift und gefährdet wird, sowie ein gefährdendes Überholen, um schneller zum Essen zu kommen.

Die Ausführungen zur daraufhin eintretenden Individualgefahr und dem subjektiven Tatbestand können Sie analog der o. g. Nr. 1 entnehmen.

7 0,5-Promille-Grenze – § 24a StVG

Sollte die Prüfung einer der o. g. Straftatbestände, in Bezug auf den Genuss von Alkohol, mangels Tatbestandsmäßigkeit scheitern, könnte als Auffangtatbestand eine Ordnungswidrigkeit gemäß § 24a StVG einschlägig sein. Dieser Ordnungswidrigkeitentatbestand ist unabhängig einer möglichen Fahrunsicherheit, also ohne Folgen des Alkoholkonsums, anwendbar. So kommen für die Prüfung folgende objektive Tatbestandsmerkmale in Betracht:

1. Straßenverkehr = öffentlicher Verkehrsraum (siehe oben)
2. Führen (siehe oben) eines Kraftfahrzeugs

3. unter Einfluss von
   a. Alkohol oder
   b. berauschender Mittel gemäß Anlage

Definition

Hervorzuheben im Vergleich zu den Straftatbeständen ist hier, dass sich ein möglicher Verstoß nur gegen den Führer eines Kraftfahrzeugs richten kann. **Kraftfahrzeuge** sind gemäß § 1 Abs. 2 StVG Landfahrzeuge, die durch Maschinenkraft bewegt werden, ohne an Bahngleise gebunden zu sein. Eine Anwendung auf Radfahrer ist somit ausgeschlossen, jedoch werden kleineren Fahrzeuge – auch beispielsweise Mofas, E-Scooter oder Speed-Pedelecs – erfasst.

Der **Einfluss von Alkohol** ist schlicht anhand der Menge von Alkohol im Blut oder der Atemluft festzustellen. Dabei ist es ohne Belang, ob die geforderte Mindestmenge in Blut oder Atemluft bereits zu Fahrtantritt vorhanden war oder sich erst während der Fahrt aufgebaut hat. Sobald also die Mindestmenge von 0,25 mg/l in der Atemluft oder 0,5 Promille im Blut nachgewiesen werden kann, ist der Tatbestand erfüllt.

Der Einfluss von anderen **berauschenden Mitteln** ist hingegen schwieriger zu bewerten. Zwar fordert der Gesetzgeber hier keine Mindestmenge für die Feststellung, jedoch legte das Bundesverfassungsgericht fest, dass nicht schon die geringste Konzentration zur Tatbestandsmäßigkeit führen kann. So wurden durch eine Grenzwertkommission verschiedene Richtwerte für die jeweiligen berauschenden Stoffe ermittelt. Diese berauschenden Mittel wurden in der Anlage zu § 24a StVG gelistet. Eine Tatbestandsmäßigkeit für andere Stoffe ist ausgeschlossen. Darunter fallen somit:

Berauschende Mittel	**Substanzen**
• Cannabis	Tetrahydrocannabinol (THC)
• Heroin	Morphin
• Morphin	Morphin
• Kokain	Kokain
• Kokain	Benzoylecgonin
• Amphetamin	Amphetamin
• Designer-Amphetamin	Methylendioxyamphetamin (MDA)
• Designer-Amphetamin	Methylendioxymethamphetamin (MDE)

- Designer-Amphetamin — Methylendioxymethamphetamin (MDMA)
- Metamphetamin — Methamphetamin

Mit der Ordnungswidrigkeit werden sowohl vorsätzlich als auch fahrlässig begangene Verstöße erfasst.

Beim Zusammentreffen mit einer Straftat ist § 21 OwiG zu beachten, wonach die Ordnungswidrigkeit in dem Fall von der Straftat konsumiert wird.

8 Alkoholverbot für Fahranfänger und Fahranfängerinnen – § 24c StVG

Eine weitere Ordnungswidrigkeit in Bezug auf Alkohol im Straßenverkehr richtet sich gemäß § 24c StVG an Fahranfänger. Demnach handelt ordnungswidrig, wer

1. in der Probezeit nach § 2a oder
2. vor Vollendung des 21. Lebensjahres als
3. Führer eines Kraftfahrzeugs (siehe oben)
4. im Straßenverkehr (siehe oben)
   a. alkoholische Getränke zu sich nimmt oder
   b. die Fahrt antritt, obwohl er unter der Wirkung eines solchen Getränks steht.

Eine weitreichende Kommentierung zu der Norm bietet der Runderlass des IM NRW vom 15. August 2007 – Verkehrsrecht – Gesetz zur Einführung eines Alkoholverbots für Fahranfängerinnen und Fahranfänger zum 1. August 2007. Hinweise für die Umsetzung der Neuregelung in der polizeilichen Praxis, RdErl. v. 27 7.2007 (Az. 44-57.04.01-6). Hier einige Auszüge:

Unabhängig von der **Probezeit** unterliegen folglich alle Kraftfahrzeugführer vor **Vollendung des 21. Lebensjahres** dem Alkoholverbot. Hinsichtlich der Probezeit wird auf § 2a StVG verwiesen, wonach die Probezeit bei erstmaligem Erwerb einer Fahrerlaubnis grundsätzlich zwei Jahre vom Zeitpunkt der Erteilung an dauert.

Die Alternative a untersagt den **Alkoholgenuss während der Fahrt**. Die Vorschrift stellt auf den Konsum alkoholischer Getränke ab, nimmt jedoch die Einnahme alkoholhaltiger Medikamente (wie Hustensaft) oder Lebensmittel von dem Verbot aus. Verstöße können nicht nur durch eine Atemalkoholmessung oder eine Blutprobe nachgewiesen werden, sondern auch aufgrund von Zeugenaussagen. Mindestalkoholmengen sind im Tatbestand nicht gefordert.

Nach der Alternative b steht ein Betroffener dann **unter der Wirkung alkoholischer Getränke**, wenn der aufgenommene Alkohol zu einer Veränderung physischer oder psychischer Funktionen führen kann und in einer nicht nur völlig unerheblichen Konzentration im Körper vorhanden ist. Auf die Feststellung einer Fahrunsicherheit kommt es nicht an. Von einer solchen Wirkung ist nach derzeitigem wissenschaftlichen Erkenntnisstand erst ab einem Wert von 0,1 mg/l Alkohol in der Atemluft oder 0,2 Promille Alkohol im Blut auszugehen, um Messwertunsicherheiten und endogenen (körpereigenem) Alkohol auszuschließen.

Liegt Tateinheit zwischen den §§ 24a und 24c StVG vor, ist nach § 19 Abs. 2 OwiG die Vorschrift anzuwenden, die die höhere Geldbuße androht, also hier § 24a StVG.

9 Alkoholverbot für Kraftfahrer – § 8 Abs. 3 Nr. 1 BOKraft

Eine weitere, aber eher unterrepräsentierte Ordnungswidrigkeit in Bezug auf Alkohol regelt die Verordnung über den Betrieb von Kraftfahrunternehmen im Personenverkehr, hier § 8 Abs. 3 Nr. 1 BOKraft.

Analog zu § 24c StVG gilt ein Alkoholverbot für bestimmte Kraftfahrer. So ist es dem im Fahrdienst eingesetzten Betriebspersonal verboten, im Omnibusverkehr sowie im Linienverkehr mit Kraftfahrzeugen,

1. während des Dienstes und der Dienstbereitschaft alkoholische Getränke oder
2. andere die dienstliche Tätigkeit beeinträchtigende Mittel zu sich zu nehmen oder
3. die Fahrt anzutreten, obwohl es unter der Wirkung solcher Getränke oder Mittel steht.

Folglich muss zunächst geprüft werden, ob ein Kfz des ÖPNV, ein Taxi oder Mietwagen geführt wird. Daraufhin erfolgt eine analoge Prüfung zu § 24c StVG.

Stichwortverzeichnis

A

B

D

E

F

G

H

I

U

V

W

Z

#